# CATALOGUE
# DE LIVRES

ANCIENS ET MODERNES

**LIVRES A VIGNETTES DU XVIIIe SIÈCLE**
**PUBLICATIONS MODERNES ILLUSTRÉES ET EN PAPIERS DE CHOIX**

SUITES DE VIGNETTES, ESTAMPES ET DESSINS

**Provenant de la Bibliothèque de M. H*****

DONT LA VENTE AUX ENCHÈRES AURA LIEU

*Les Mercredi* 21, *Vendredi* 23 *et Samedi* 24 *Mai*
**Hôtel des Commissaires-Priseurs, rue Drouot**
Salle n° 7, à deux heures

Par le ministère de Me **Maurice DELESTRE**, commissaire-priseur,
27, rue Drouot,
Assisté de M. **CLÉMENT**, marchand d'estampes de la Bibliothèque nationale, 3, rue des Saints-Pères,
Et de M. **Jules MARTIN**, libraire, 18, rue Séguier.

---

PARIS
J. MARTIN, LIBRAIRE, SUCCr D'AUG. AUBRY
18, RUE SÉGUIER, 18

1879

## ORDRE DES VACATIONS

Mercredi 21 Mai, VIGNETTES, ESTAMPES ET DESSINS. Nos 444 à 644.
Vendredi 23 Mai.................................. Nos 1 à 215.
Samedi 24 Mai.................................. Nos 216 à 443.

---

## CONDITIONS DE LA VENTE

Les livres sont garantis complets et en bon état, sauf indication contraire; ils devront être collationnés dans les vingt-quatre heures de l'adjudication. Passé ce délai, ils ne seront repris pour aucune cause.

Les acquéreurs payeront cinq pour cent en sus des adjudications.

MM. Clément et Martin, chargés de la vente, rempliront les commissions des personnes qui ne pourraient y assister.

Il y aura EXPOSITION PUBLIQUE, chaque jour de vente, de une heure à deux heures.

# CATALOGUE

# DE LIVRES

## ANCIENS ET MODERNES

---

## THÉOLOGIE

ÉCRITURE SAINTE, LITURGIE, VIES DES SAINTS.

1. La Sainte Bible, d'après le latin de la Vulgate, avec de nombreuses notes par l'abbé Delaunay. *Paris*, *Curmer*, 1857, 5 vol. in-4, demi-rel. chag. br., avec coins, tête dor., n. rog. *Planches*.

2. La Sainte Bible, traduction nouvelle selon la Vulgate, par Bourassé et Janvier. *Tours*, *Mame*, 1866, 2 vol. en 10 fascic. in-fol., cart. *Figures de G. Doré.*

3. Figures de la Bible. Taferelen der voornamste Geschiedenissen van het oude en nieuwe Testament. *La Haye Pierre de Hondt*, 1728, 2 vol. in-fol., demi-rel. mar. vert, coins.

   Recueil de 2 titres et 215 gravures, par Hoet, Houbraken et B. Picart, auquel on a joint la suite des 352 figures de la Bible de P. Mortier, épreuves avant les clous, une suite de 61 figures par Luyken, et quelques autres gravures. En tout 520 gravures.

4. Les Saints Évangiles, traduction de Bossuet. *Paris, Hachette*, 1873, 2 vol. gr. in-fol. en feuilles dans des cartons.

   Belle édition ornée de 128 grandes compositions gravées à l'eau-forte d'après les dessins de Bida.

5. LE LIVRE D'HEURES DE LA REINE ANNE DE BRETAGNE, traduit du latin et accompagné de notices inédites par l'abbé Delaunay. *Paris*, *Curmer*, 1841, 2 vol. in-4, maroquin grenat, jans., tr. dorée, dans des étuis. (*R. Petit*).

Bel exemplaire sans nom de souscripteur.

6. Heures illustrées par Ch. Mathieu. *Paris*, *Bachelin-Deflorenne*, *s. d.*, in-12, cart. *Figures et encadrements en couleurs.*

7. Les quatre livres de l'Imitation de Jésus-Christ, traduction de Michel de Marillac. *Paris*, *Jouaust*, 1875, grand in-8, br.

Exemplaire en grand papier avec double épreuve des eaux-fortes avant et avec la lettre.

8. L'Imitation de Jésus-Christ, traduction de Michel de Marillac, avec préface par L. Veuillot. *Paris*, *Glady*, 1876, gr. in-8, br.

Exemplaire sur grand papier de Hollande, avec épreuves des eaux-fortes avant la lettre.

9. L'imitation de Jésus-Christ, traduction de Michel de Marillac. *Paris*, *Quantin*, 1878, in-8, br.

Exemplaire sur papier de Chine avec double état des figures de J.-P. Laurens.

10. Gerson, de l'Imitation de Jésus-Christ, trad. par l'abbé Delaunay. *Paris*, *Tross*, 1869, in-8, br. *Figures et encadrements sur bois.*

11. La Sainte Vierge, par l'abbé Maynard. *Paris*, *Firmin-Didot*, 1877, gr. in-8, br. *Planches en couleurs.*

Grand papier.

12. Jésus-Christ, par L. Veuillot. *Paris*, *Firmin-Didot*, 1875, gr. in-8, br. *Planches en couleurs.*

Grand papier.

13. La Légende de sainte Ursule et de ses onze mille vierges d'après les tableaux de l'église Sainte-Ursule à

Cologne, reproduits en chromolithographie d'après Kellerhoven. *Paris*, *Lévy*, 1875, in-4, br.

14. Sainte Cécile et la société romaine aux deux premiers siècles, par Dom Guéranger. *Paris*, *Firmin-Didot*, 1874, gr. in-8, br. *Nombreuses gravures sur bois et planches en couleurs.*

Grand papier.

15. La Vie des Saints, par H. de Riancey. Illustrations en couleurs, par Kellerhoven. *Paris*, *Bachelin-Deflorenne*, pet. in-8, br.

16. Notre-Dame de Lourdes, par H. Lasserre. *Paris*, *Palmé*, 1877, gr. in-8, dem.-rel., d. et c. mar. rouge, tête dorée, n. rog. *Encadrements sur bois par Giacomelli*, *et planches en couleurs.*

---

# SCIENCES ET ARTS

## HISTOIRE NATURELLE. — ÉCONOMIE SOCIALE. CÉRAMIQUE. — HORLOGERIE.

17. La Terre avant le Déluge, par L. Figuier. *Paris*, *Hachette*, 1864, gr. in-8, demi-rel. chag., tr. dor. *Fig.*

18. L'Homme primitif, par L. Figuier, *Paris*, *Hachette*, 1870, gr. in-8, demi-rel. chag. rouge, tr. dor. *Fig.*

19. Le Monde de la mer, par A. Frédol. *Paris*, *Hachette*, 1866, gr. in-8, demi-rel. chag. rouge, tr. dor. *Gravures sur bois et planches en couleurs.*

20. La Vigne. Voyage autour des vins de France, par Bertall. *Paris*, *Plon*, 1878, gr. in-8, br. *Fig.*

21. L'Oiseau, par Michelet. *Paris, Hachette*, 1867, gr. in-8, br. *Nombr. vignettes par Giacomelli.*

22. L'Insecte, par Michelet. *Paris, Hachette*, 1876, grand in-8, br. *Nombr. vignettes, par Giacomelli.*

23. Manuel de l'amateur d'huitres, par A. Martin. *Paris, Audot*, 1828, in-18, br. *Planche, par H. Monnier.*

24. De la Démonialité et des animaux incubes et succubes, par le P. Sinistrari, trad. par Liseux. *Paris, Liseux*, 1875, in-8, br.

---

25. Lois administratives françaises, par Vuatrin et Batbie. *Paris, Cotillon*, 1876, in-8, demi-rel. chag. vert.

26. Dictionnaire de l'économie politique, par Coquelin et Guillaumin. *Paris, Guillaumin*, 1873, 2 vol. gr. in-8, demi-rel. chag. vert.

27. Dictionnaire universel de la vie pratique à la ville et à la campagne, par Beleze. *Paris, Hachette*, 1862, gr. in-8, cart.

28. Le Livre de la ferme et des maisons de campagne, par Joigneaux. *Paris, Masson*, 1865, 2 vol. gr. in-8, demi-rel. chag. viol. *Fig.*

29. Système financier de la France, par le marquis d'Audiffret. *Paris, Dupont*, 1863, 6 vol. in-8, br.

30. Questions importantes sur le commerce, par Tucker, *Londres*, 1755, in-12, v. marb. *Aux armes de Durfort-Duras.*

---

31. Manuel du collectionneur de faïences anciennes, par Ris-Paquot. *Amiens*, 1877, gr. in-8, br. *Planches en couleurs.*

32. Les Faïences anciennes et modernes, leurs marques et décors, par A.-A. Mareschal. *Paris, Delaroque*, 1873,

2 vol. pet. in-4, d.-rel. chag. rouge, tête dorée, n. rogné. *Planches en couleurs.*

33. Histoire de la faïence de Rouen, par A. Pottier. *Rouen, Le Brument*, 1870, in-4, demi-rel. chag. rouge, tête dorée, n. rog. 58 *planches en couleurs.*

34. Histoire de la faïence de Delft, par H. Havard. *Paris, Plon*, 1878, gr. in-8, br. *Planches noires et en couleurs, par L. Flameng.*

35. La Céramique japonaise, par Audsley et James L. Bowes. *Paris, Firmin-Didot*, 1877, 5 livr. in-folio. *Planches en couleurs.* (*Tout ce qui a paru jusqu'à ce jour.*)

---

36. Traité général des horloges, par Dom Jacques Alexandre. *Paris*, 1734, in-8, v. *Pl.*

37. Traité de l'horlogerie, par Thiout l'aîné. *Paris*, 1741, 2 vol. in-4, v. *Palnches.*

38. F. Berthoud. Essai sur l'horlogerie. *Paris, Jombert*, 1763, 2 vol. — Traité des horloges marines, 1773. — Eclaircissements sur l'invention des horloges marines. — Les longitudes par la mesure du temps, 1775. — La mesure du temps appliquée à la navigation, 1782. — De la mesure du temps, 1787. — Traité des montres à longitudes, 1792. — Histoire de la mesure du temps par les horloges, 1802. 2 vol. Ens. 10 vol. in-4, v. m. *Planches.*

39. Traité d'horlogerie, par Lepaute. *Paris*, 1767, in-4, v. *Pl.*

40. Principes généraux de l'exacte mesure du temps par les horloges, par Jürgensen. *Copenhague*, 1805, in-4, v. *Pl.*

---

## BEAUX-ARTS

### OUVRAGES A FIGURES.

41. Musée de peinture et de sculpture, ou Recueil des principaux tableaux et statues des collections publiques et particulières de l'Europe, par Réveil. *Paris, Morel*, 1874, 10 vol. pet. in-8, demi-rel. d. et c. chag. br.

42. Histoire de la caricature et du grotesque, par Th. Wright. *Paris*, 1875, gr. in-8, br. *Fig.*

43. Les Chefs-d'œuvre de la peinture italienne, par P. Mantz. *Paris, Didot*, 1870, in-fol., cart., n. rogné. *Planches en couleurs.*

44. Les Chefs-d'œuvre d'art à l'Exposition universelle. *Paris, Baschet*, 1878, 40 livr. in-fol. *Planches et fig. dans le texte.*

Papier de Hollande. Ouvrage terminé.

45. Œuvre de Jehan Foucquet. Heures de maistre Estienne Chevalier, texte restitué par l'abbé Delaunay. *Paris, Curmer*, 1866, 2 vol. pet. in-4, maroq. gren., tête dorée, n. rog., dans des étuis.

Magnifique publication composée de planches en chromolithographie à l'imitation du manuscrit.

46. Musée des deux mondes, reproduction en couleurs de tableaux, aquarelles et pastels des meilleurs artistes. *Paris, Bachelin-Deflorenne*, 1873-76, 7 vol. in-folio, perc., tr. dor. *Planches en couleurs.*

Collection complète.

47. Iconologie par figures, ou Traité complet des allégories, emblèmes, par Gravelot et Cochin. *A Paris, chez Le Pan*, .s d., 4 vol. in-8, cart. 204 *figures.*

48. Numismata virorum illustrium ex Barbadica gente.

*Patavii ex typogr. Seminarii,* 1732, in-fol., demi-rel. 261 *belles gravures.*

49. Les Gemmes et Joyaux de la couronne, publiés et expliqués par Barbet de Jouy, dessinés et gravés à l'eau-forte, par Jules Jacquemart. *Paris,* 1865, 2 vol. gr. in-fol. en feuilles dans des cartons.

Le premier volume contient les planches avant la lettre.

50. Le Temple des Muses, orné de LX tableaux où sont représentés les évènements les plus remarquables de l'antiquité fabuleuse, dessinés et gravés par B. Picart. *Amsterdam, Chatelain,* 1733, in-fol., demi-rel. maroquin rouge, n. rog.

Bel exemplaire de De Bure.

51. Fastes de la nation française, par Ternisien d'Haudricourt. *Paris, Decrouan, s. d.,* 3 vol. in-4, demi-rel., tr. dor. *Nombr. gravures.*

52. Les Douze Mois, dernière œuvre de Gavarni. *Paris, Marc,* 1870, in-fol., br. 12 *pl.*

53. Le Haschisch, contes en prose, sonnets et poèmes fantaisistes, par A. Monnier. *Paris, Willem,* 1877, in-4, br. 30 *eaux-fortes.*

54. Les Joyaux et les Parures, fantaisies par Gavarni, texte par Méry. *Paris, De Gonet, s. d.,* 2 vol. gr. in-8, demi-rel. chag. bl., tête dorée, n. rog. *Première édition.*

55. Les Jolies Femmes de Paris, par Ch. Diguet. *Paris, Lacroix,* 1870, in-8, br. 20 *eaux-fortes par Martial.*

56. Les Femmes de Gœthe. Dessins de W. de Kaulbach, avec texte par P. de Saint-Victor. *Bruxelles, Lebègue,* 1872, in-fol., cart.

57. Paris-illustrations et Paris-Londres, Keepsake fran-

çais. *Paris, Delloye et Pourrat*, 1838-42, 5 vol. gr. in-8, rel., tr. dor. *Nombr. gravures anglaises.*

58. Nouvelles illustrations anglaises des romans de Walter Scott, avec description par Pellé. *London, Fisher, s. d.*, 2 tomes en 1 vol. gr. in-8, demi-rel. chagrin br., tr. dor. 108 *figures.*

59. Londres, par L. Enault, illustré de 174 gravures sur bois par G. Doré. *Paris, Hachette*, 1876, gr. in-4, demi-rel. chag. rouge, ornements, tr. dor.

60. Mœurs, usages et costumes au moyen âge et à l'époque de la Renaissance, par P. Lacroix. *Paris, Firmin-Didot*, 1877, gr. in-8, br. *Planches en couleurs.*

Grand papier.

61. Le Livre d'or des métiers, par P. Lacroix, Fr. Michel, etc. *Paris, Séré*, 1851, 5 vol. gr. in-8, demi-rel. chagrin vert. *Figures coloriées.*

Histoire des Hôtelleries. — L'Orfèvrerie. — La Cordonnerie. — Histoire des Charpentiers. — Histoire de l'Imprimerie. — Histoire de la Coiffure.

62. Les Arts au moyen âge et à l'époque de la Renaissance, par P. Lacroix. *Paris, Firmin-Didot*, 1877, gr. in-8, br. *Planches en couleurs.*

Grand papier.

63. Dix-huitième siècle, par P. Lacroix. *Paris, Firmin-Didot*, 1875-78, 2 vol. gr. in-8, br. *Planches en couleurs.*

Exemplaire en grand papier.

64. Sciences et lettres au moyen âge et à l'époque de la Renaissance, par P. Lacroix. *Paris, Firmin-Didot*, 1877, gr. in-8, br. *Planches en couleurs.*

Grand papier.

66. Vie militaire et religieuse au moyen âge et à l'époque

de la Renaissance, par P. Lacroix. *Paris, Firmin-Didot*, 1877, gr. in-8, br. *Planches en couleurs.*

Grand papier.

67. Voyage dans un grenier, par Charles C...(Cousin). *Paris, Morgand et Fatout*, 1878, gr. in-8, br. *Planches à l'eau-forte et en couleurs.*

68. A coups de fusil, par Quatrelles. Ouvr. illustré de 30 dessins originaux par de Neuville. *Paris, Charpentier*, 1877, gr. in-8, br.

Exemplaire de premier tirage avec les deux planches supprimées.

---

# BELLES-LETTRES

## I. POÉSIE.

### 1. *Auteurs grecs, latins et étrangers.*

69. Anacréon, Sapho, Bion et Moschus, trad. par Moutonnet-Clairfons. *Paris, Bastien*, 1780, in-8, demi-rel. v. *Vignettes d'Eisen et Choffard.*

70. Odes d'Anacréon, trad. en vers par de Saint-Victor. *Paris*, 1813, in-18, v. fau., tr. dor. *Fig. de Girodet.*

71. Odes d'Anacréon, traduction d'Amb.-F. Didot. *Paris, Didot*, 1864, in-18, maroq. vert, tr. dorée. (*Smeers.*) *Vignettes photographiées.*

72. P. Virgilius Maro. *Parisiis, P. Didot*, 1798, in-18, v. rac., dent., tr. dor. *Vignettes de Cochin.*

73. P. Virgilii Maronis carmina omnia, perpetuo com-

mentario ad modum J. Bond explicuit Dubner. *Parisiis*, 1858, in-18, maroq. bl., tr. dor. *Vignettes photographiées. (Smeers.)*

74. Les Œuvres de Virgile, trad. par l'abbé Des Fontaines. *Paris*, 1743, 3 vol. in-12, v. marb. *Portr. et six figures par Cochin.*

75. Œuvres de Virgile, trad. en français avec des remarques, par l'abbé Des Fontaines. *Paris*, *Plassan*, 1796, 4 vol. gr. in-8, v. rac., fil., tr. dor. *Figures de Moreau et Zocchi. Bel exemplaire.*

76. Les Œuvres d'Horace, traduction de J. Janin. *Paris*, *Jouaust*, 1878, 2 vol. in-12, br.

Grand papier de Hollande avec eaux-fortes par Hédouin.

77. Les Métamorphoses d'Ovide, traduites en prose françoise (par Renouard), et enrichies de figures à chacune fable. *Paris*, *Langelier*, 1619, in-fol., bas. marb. *Jolies gravures par Mathieu et Briot.* (4 ff. remontés.)

78. Les mêmes. *Paris*, *Courbé*, 1651, in-fol., demi-rel. mar. bl. *Bel exemplaire.*

79. Les Métamorphoses d'Ovide, en latin, traduites en français par l'abbé Banier. Ouvrage enrichi de figures en taille-douce gravées par B. Picart. *Amsterdam*, 1732, 2 vol. in-fol., v. fau. *Belles épreuves des gravures.*

80. Les Métamorphoses d'Ovide, trad. par Villenave. *Paris*, *Gay*, 1806, 4 vol. gr. in-8, v. viol. 144 *figures par Moreau, Monsiau et Le Barbier.*

81. Élégies de Properce, trad. par Delongchamps, *Paris*, *Duprat*, 1802, 2 vol. in-8, cart., n. rog. *Figures de Marillier.*

82. Lucrèce, traduction nouvelle avec des notes (par Le

Grand). *Paris*, *Bleuet*, 1768, 2 vol. gr. in-8, v. marb., tr. dor. *Papier de Hollande*, *Figures de Gravelot.*

83. Les Amours de Léandre et de Héro, poème par Musée, trad. en français par Gail. *Paris*, *Gail*, 1796, in-4, demi-rel., n. rog. *Figures par Le Barbier et autres.*

84. Orlando Furioso di L. Ariosto. *Parisi*, *Plassan*, 1795, 4 vol. in-8, bas. 96 *figures par Cochin*, *Moreau et Cipriani.*

85. Le Purgatoire et le Paradis de Dante Alighieri, avec les dessins de G. Doré. *Paris*, *Hachette*, 1868, in-fol., cart., n. rog. (*Premier tirage.*)

86. L'Enfer de Dante Alighieri, avec les dessins de G. Doré. Traduction française de Pier. Angelo Fiorentino. *Paris*, *Hachette*, 1861, in-fol., cart., n. rog. (*Premier tirage.*)

87. La Gerusalemme liberata di Torquato Tasso. *Parigi*, *Delalain*, 1771, 2 vol. in-4, v. porph., fil. 20 *figures*, *vignettes et culs-de-lampe*, *par Gravelot*, *gravés par Lingée*, *Duclos*, *Née*, *etc.* (2 *figures remontées.*)

Exemplaire en grand papier de Hollande.

88. Jérusalem délivrée, poème du Tasse. Nouv. traduction. *Paris*, *Musier*, 1774, 2 vol. gr. in-8, v. m. *Deux portraits*, *vingt figures*, *vignettes et culs-de-lampe*, *par Gravelot.*

89. Jérusalem délivrée, poème du Tasse, trad. par Lebrun. *Paris*, *Bossange*, 1794, 2 vol. in-8, v. rac. tr. dor. *Figures de Gravelot.*

90. Jérusalem délivrée, poème, nouv. édition. *Paris. Bossange*, 1803, 2 vol. in-8, demi-rel. mar. v. *Portrait et 20 figures par Le Barbier.*

91. Les Idylles du roi. Enide, Viviane, Elaine, Genièvre,

par A. Tennyson, trad. de l'anglais par Francisque Michel. *Paris, Hachette*, 1869, in-fol., cart., n. rogné. 36 *gravures, d'après les dessins de G. Doré.*

92. Le Paradis perdu, poème, par Milton, édition en anglais et en français, ornée de douze estampes imprimées en couleur d'après les tableaux de Schall. *Paris, Defer de Maisonneuve,* 1792, 2 vol. in-4, v., tr. dor.

93. Le Paradis perdu, par Milton, traduction de Chateaubriand. *Paris, Furne,* 1855, gr. in-fol., demi-rel. chag. n. *Figures sur Chine.*

Exemplaire sur grand papier.

94. Les Saisons de Thompson, trad. par Deleuze. *Paris,* 1801, in-8, v. rac. *Figures de Le Barbier.*

95. La Guzla, ou choix de poésies illyriques (par P. Mérimée). *Paris,* 1827, in-18, cart., n. rog. *Fig. édition originale.*

2. *Poètes français anciens et modernes.*

96. Collection de pièces gothiques, facéties, moralités, poésies, etc., publiées par A. Veinant. *Paris, Silvestre,* 1838-40, 24 vol. in-16, cart., n. rog.

97. Le Rommant de la Rose, imprimé à Paris. *Paris, Delarue,* 1878, in-4, goth., br. *Fig. sur bois.*

Réimpression fac-similé de l'édition de Jehan Dupré, tirée à 330 exemplaires.

98. La Chanson de Roland, texte critique, accompagné d'une traduction nouvelle par L. Gautier. *Tours, Mame,* 1872, 2 vol. gr. in-8, br. *Eaux-fortes par Chiflart et V. Foulquier.*

99. Le Livre des Cent ballades, publié par le marquis de Queux de Saint-Hilaire. *Paris, Maillet,* 1868, in-8, br. papier vergé.

100. Œuvres poétiques de Pierre de Brach, publiées par Dezeimeris. *Paris*, *Aubry*, 1861, 2 vol. pet. in-4, br.

101. Œuvres complètes de Remy Belleau, publiées par A. Gouverneur. *Paris*, *Franck*, 1867, 3 vol. in-8, br. *Portrait.*

Grand papier de Hollande.

102. Œuvres de Gresset. *Paris*, *Bleuet*, 1805, 3 vol. pet. in-18, v. rac. *Portrait et jolies figures de Moreau.*

103. Œuvres choisies de Gresset. *Paris*, *imp. de Didot*, 1794, pet. in-18, v. marb., tr. dor. *Cinq vignettes de Moreau et une vignette de Marillier ajoutée.*

104. Historiettes ou nouvelles, par Imbert. *Amst. et Paris*, *Delalain*, 1774, in-8, d.-rel. *Figure et 4 vignettes par Moreau.*

105. Dorat Les Tourterelles de Zelmis. (*Paris*, 1766.) *Vignettes d'Eisen.* — Le Pot-pourri, épître à qui on voudra. *Paris*, *Jorry*, 1764. *Vignettes d'Eisen.* — Zélis au bain, poëme. *Genève*, 1763. *Vignettes d'Eisen.* — Les Dévirgineurs et Combabus, 1665. — Lettres en vers. 1766. En 1 vol., gr. in-8, v. marb. *Papier de Hollande.*

106. Les Sacrifices de l'Amour (par Dorat). *Amsterdam et Paris*, *Delalain*, 1771, 2 vol. in-8, papier de Hollande, v. marb. *Figures de Marillier* (*taché d'humidité*).

107. Mes nouveaux torts (par Dorat). *Amst. et Paris*, *Delalcin*, 1775, in-8, v. marb. Papier de Hollande. *Vignettes de Marillier.*

108. Mes Fantaisies (par Dorat). *Amst. et Paris*, *Jorry*, 1768, in-8, v. marb. Papier de Hollande. *Vignettes d'Eisen.*

109. Dorat. Lettres d'une chanoinesse, ma philosophie et

poésies fugitives. *Paris, Delalain.* 1780, in-8, cart. *Figures d'Eisen.*

110. Les Malheurs de l'inconstance (par Dorat). *Amsterdam et Paris. Delalain,* 1772, 2 vol. in-8, v. marb. *Figures de Queverdo.*

111. Les Baisers, précédés du mois de mai, poème (par Dorat). *La Haye et Paris,* 1770, in-8, maroq. vert, fil., tr. dor. (*Thivet.*) *Vignettes d'après Eisen.*

112. Dorat. Lettre de Barnevelt dans sa prison. *Paris,* 1763. — Lettre de Zéïla à Valcour. *Paris,* 1764. — Réponse de Valcour à Zéïla. *Paris,* 1766. — Lettre de Valcour à son père. 1767. — Lettre du comte de Comminges à sa mère. 1764. — Lettre d'Alcibiade à Glicère. *Paris,* 1764. En 1 vol. in-8, v. marb. *Vignettes d'Eisen. Papier de Hollande.*

113. Lettre de Valcour à son père. *Paris. Jorry.* 1767. — Lettre d'Ovide à Julie, 1767. — Suite des Bagatelles anonymes. *Genève,* 1767. — Amilka ou Pierre le Grand, tragédie. 1767. En 1 vol. in-8, v. marb. fil. *Vignettes d'Eisen. Papier de Hollande.*

114. Mélange de poésies fugitives et de prose sans conséquence par M^me^ la comtesse de B. *Paris, Delalain,* 1776, in-8, d.-rel. chag., br. *4 jolies figures par Marillier.*

115. Les Tableaux; suivis de l'histoire de M^lle^ de Syane et du comte de Marcy. *Paris, Delalain,* 1771, in-8, v. marb. *Frontispice par Eisen.*

116. Le Fond du Sac, ou recueil de Contes en vers et en prose (par F. Nogaret). *Paris, Leclère,* 1866, in-8, br. *Portraits et jolies vignettes à mi-pages.*

117. Poésies gasconnes de J.-G. d'Astros, d'Arquier, chants religieux, etc., par F. T. *Paris, Tross,* 1867. 2 vol. in-8, br. Papier de Hollande.

118. La Guirlande de Julie, publiée par O. Uzanne. *Paris, Jouaust*, 1875, in-12, br. *Frontispice par Mongin et portrait à l'eau-forte par Lalauze.*

119. Poésies de M. de Montreuil, publiées par O. Uzanne. *Paris, Jouaust*, 1878, pet. in-8, br. *Portrait et frontisp. par Lalauze.*

120. Poésies de Benserade, publiées par O. Uzanne. *Paris, Jouaust*, 1875, in-12, br. *Frontispice par Lalauze.*

121. Poésies de François Sarasin, avec notes par O. Uzanne. *Paris, Jouaust*, 1877, pet. in-8, br. *Frontisp. par Monziès.*

122. Voyage de Chapelle et de Bachaumont. — Voyage de Languedoc et de Provence, par La Franc de Pompignan. *Paris, impr. de Chaignieau*, an IV, in-18, cart. non rog.

Exemplaire sur papier vélin avec vignettes avant la lettre et une figure ajoutée.

123. Œuvres complètes de Bernard. *Londres (Cazin)*, 1777, pet. in-18, d.-rel. *Vignette de Marillier.*

124. Œuvres de Bernard. *Paris, Janet et Cotelle*, 1823, in-8, d.-rel., v. fauve. *Figure par Prud'hon.*

125. Œuvres poétiques de André de Chénier. *Paris, Lemerre*, 3 vol pet. in-12, br.

126. Œuvres de Lamartine. *Paris, Furne*, 1877-79, 6 vol. pet. in-12, papier vergé br.

127. Poésies complètes de Théodore de Banville. *Paris, Charpentier*, 1878-79, 3 vol. in-12, br.

Exemplaire sur papier de Hollande.

128. Les Mois, par Fr. Coppée. Compositions de H. Giacomelli. *Paris, s. d.*, in-fol., cart., tr. dor., 12 *planches.*

129. Philoméla, par Catulle Mendès. *Paris, Hetzel*, 1863, in-12, br. *Eau-forte par Bracquemond.*

130. Les Amoureux du Livre, par Fertiault. *Paris, Claudin*, 1877, br. *Eaux-fortes par J. Chevrier.*

131. L'Opéra. Eaux-fortes et quatrains, par un abonné. *Paris, Jouaust*, 1876, in-12, br.

132. Les Amours jaunes, par Tristan Corbière. *Paris, Glady*, 1873, in-12, br. *Eau-forte.*

133. Avril, par A. Piedagnel. *Paris, Liseux*, 1877, in-12, br. *Frontispice par Giacomelli.*

134. Le Saltimbanque, les Péchés capitaux, le Livre de l'Amour, par Poisle Desgranges. *Paris*, 1875, 3 broc. in-8. *Eaux-fortes. Papier Whatman.*

3. *Poèmes.*

135. Poèmes de Gresset. *Paris, Jouaust*, 1867, in-8. br., papier vergé.

136. Le Jugement de Pâris, poëme ; suivi d'œuvres mêlées par Imbert. *Amsterdam*, 1774. in-8, d.- rel. *Frontispice, 4 figures par Moreau et 4 vignettes par Choffard.*

Exemplaire non rogné.

136 *bis*. Le même ouvrage, in-8, cart. *Fig.*

137. Parapilla et autres œuvres de M. B. (Borde). *Florence*, 1783, in-8, dérelié. 6 *figures d'après Borel.*

138. La Pucelle d'Orléans, poème en vingt-un chants, avec des notes. Londres (*Paris, Cazin*), 1780 ; 2 tomes en 1 vol. pet. in-18, bas. *Jolies vignettes à mi-pages.*

139. La Pucelle d'Orléans, poème, par Voltaire. *Paris*, an VII, gr. in-8, v. rac., fil. 21 *figures par Marillier, Monnet, Monsiau.*

140. La Pucelle d'Orléans, poème par Voltaire. *A Conculix, s. d.*, in-32, mar. roug. 30 *vignettes non signées.*

141. La Henriade, par Voltaire. *Kehl*, 1785, in-8, br. *Figures de Moreau.*

142. Le Temple de Gnide, mis en vers par Colardeau. *Paris, Le Jay*, 1773, in-8, v. m., fil. *Frontispice et 7 figures par Monnet.*

143. La Peinture, poème par Le Mierre. *Paris, Le Jay, s. d. figures de Cochin.* — Les Tourterelles de Zelmis (par Dorat). *Vignettes d'Eisen.* — Le Pot-pourri, épître à qui on voudra. *Paris, Jorry*, 1764. *Vignettes d'Eisen.* — Julie ou l'heureux repentir, par d'Arnaud. *Paris*, 1767. *Vignettes d'Eisen.* En 1 vol. in-8, v. marbr.

Papier de Hollande.

144. La Peinture, poème par Le Mierre. *Paris, Le Jay, s. d.*, in-8, v. marb. *Portrait et 3 figures par Cochin.*

145. La Déclamation théâtrale, poème (par Dorat). *Paris, Jorry*, 1766, in-8, v. marb. *Papier de Hollande. Vignettes d'Eisen.*

146. Joseph, par Bitaubé. *Paris, de l'impr. de Didot l'aîné*, 1786, 2 vol. pet. in-18, v. marb., fil., tr. dor. *Vignette de Marillier.*

147. L'art d'aimer et poésies diverses de M. Bernard. *Paris*, 1775, in-8, v. rac., tr. dor. *Figures de Martini gravées par Gaucher.*

148. L'Art d'aimer par Bernard. *Paris, s. d.*, in-8, bas. viol. *Frontispice et 7 figures, par Eisen et Martini.*

149. L'Art d'aimer, par Bernard. *Paris*, 1775, in-8, v. *Frontispice et 5 figures par Eisen et Martini.* (*Incomplet de 2 figures.*)

150. Narcisse dans l'isle de Vénus, poème par Malfilâtre. *Paris, Mdradam, s. d.*, in-8, d.-rel. *Figures d'après Saint-Aubin.*

150 *bis*. Le même ouvrage. *Paris, Lejay, s. d.*, in-12, bas. *Fig.*

151. Les Saisons, poème (par Saint-Lambert). *Amsterdam*, 1769, in-8, v. rac. *Figures de Leprince et Gravelot.*

152. Les Saisons, poème (par Saint-Lambert). *Amsterdam*, 1775, gr. in-8, v. marb. tr. dor. *Vignettes par Choffard.* (*Les figures manquent.*)

153. Les Saisons, poème (par Saint-Lambert). *Paris, Didot*, 1796, in-4, br. *Figures par Chaudet.*

154. Les Saisons, poème (par Saint-Lambert). *Paris, Impr. de P. Didot*, 1796, in-4, d.-rel. mar. viol.

Exemplaire sur papier vélin avec double état des gravures de Chaudet, avant la lettre et coloriées.

155. Les Saisons, poème (trad. de Thompson). *Paris*, 1759, pet. in-8, bas. *Vignettes d'Eisen.*

156. Les Mois, poème en douze chants, par Roucher. *Paris, Quillau*, 1779, 2 vol. in-2, v. fau. fil., tr. dor. 5 *figures par Moreau, Cochin et Marillier.*

Bel exemplaire.

157. L'Agriculture. Poème par Rosset. *Paris, Imp. Roy.*, 1774, in-4. v. marb. tr. dor. *Sept grandes figures par Loutherbourg et Saint-Quentin, et 7 vignettes par Saint-Quentin. Belles-épreuves.*

158. L'Homme des Champs, par Delille. *Paris, Impr. de Didot*, 1805, in-8, br. *Figures et vignettes.*

159. Mort d'Abel, poème de Gessner, traduit par Hubert. *Paris, Defer de Maisonneuve*, 1793, in-4, v. tr. dor.

Édition ornée de six gravures en couleur par Monsiau, à laquelle on a ajouté la suite des six figures de Le Barbier.

### 4. *Contes, Fables, Chansons.*

160. Contes en vers par M. de La Fontaine. *Amsterdam*, 1764, 2 vol. in-8, mout. rou. tête dorée, *non rogné*, *Figures et culs-de-lanpe par Eisen.*

Contrefaçon de l'édition des Fermiers-Généraux à laquelle on a ajouté un dessin de Baudet-Bauderval pour le conte *La Jument du compère Pierre.*

161. Contes et nouvelles en vers, par J. de La Fontaine. *Paris, Tourneisen*, 1808, 2 vol. gr. in-8, d. et c. chag. vert, tr. dor. (*Thompson.*) *Figures d'après celles des Fermiers-Genéraux.*

162. Contes et nouvelles en vers, par M. de La Fontaine. *Lyon, L. Perrin*, 1874, 2 vol. in-8, br. *Portr. et nombr. vignettes à mi-pages.*

163. Les Contes Rémois, par le comte de Chevigné. *Paris, Le merre*, 1874, in-18, br. *Portraits et vignettes par Meissonier.*

164. Les Contes Rémois, par le comte Chevigné. *Paris, Jouaust*, 1877, in-8, br. *Eaux-fortes par J. Worms.*

Grand papier de Hollande.

165. Les Contes Rémois par le comte de Chevigné, Dessins de E. Meissonier. *Paris, Levy*, 1861, in-8, d.-rel. mar. vert, coins, tête dorée, n. rog.

166. Les Contes Rémois, par le comte de Chevigné. *Paris, Menu*, 1875, in-32, br. *Portrait.*

Édition miniature.

167. Fables choisies, mises en vers par de La Fontaine. *Bouillon*, 1776, 4 vol. in-8, v. marb. *Figures d'après Oudry.*

168. Fables de La Fontaine. *Paris, Lefèvre*, 1822, 2 vol. in-8, v. fau. *Portr. et figures par Moreau.*

169. Fables de La Fontaine, illustrées par Grandville. *Paris, Fournier*, 1838, 2 vol. in-8, d.-rel, v. rose. *Premier tirage des gravares.*

170. Fables de La Fontaine, édition taille-douce. *Paris, Lecointe*, 1834, 2 vol. in-4, d.-rel.

171. Fables de La Fontaine, avec les dessins de G. Doré. *Paris, Hachette*, 1867, 2 vol. in-fol. cart. n. rog. *Figures sur Chine.*

172. Fables de La Fontaine. *Paris, Jouaust*, 1873, gr. in-8, br.

Exemplaire en grand papier vergé avec double épreuve des eaux-fortes avec et avant la lettre, auquel on a ajoûté un dessin à l'aquarelle représentant le portrait de La Fontaine.

173. Fables de La Fontaine. *Tours, Mame*, 1875, gr. in-8, br. *Portrait et 50 gravures à l'eau-forte par V. Foulquier.*

174. Dorat. Fables ou Allégories philosophiques. *Paris, Delalain*, 1772. *Vignettes de Marillier.*—Ma philosophie. *Paris*, 1771. *Vignettes de Marillier* — L'Isle merveilleuse. *Genève*, 1768. *Vignette d'Eisen.* —Lettres d'une Chanoinesse de Lisbonne. *Paris*, 1770, *Vignettes d'Eisen.* En 1 vol. in-8, v. marb. *Papier de Hollande.*

175. Fables par Boisard. *Paris, Lacombe*, 1777, 2 tomes en 1 vol in-8, cart. *Figures par Monnet.*

176. Fables de Florian, illustrées par V. Adam. *Paris, Delloye*, 1838, gr. in-8, d,-rel.

177. Fables de Florian illustrées par Grandville *Paris, Garnier*, s. d., gr. in-8, d.-rel. chag. tr. dor.

178. Anthologie françoise ou chansons choisies depuis le 13e siècle (par Monet). *Paris*, 1765, 3 vol. in-8, d.-rel. v. *Portrait et figures par Gravelot.*

179. Les à propos de Société ou chansons de M. L. (Laujon). *Paris*, 1776, 2 vol. in-8, v. marb. *Figures et vignettes de Moreau.*

180. Romances par Berquin. *Paris, Moutardier*, 1796, 2 part. en 1 vol. in-18, d.-rel. *Vignettes d'après Marillier et Borel*

180 *bis*. Le même ouvrage. *Paris, Moutardier*, 1797,

2 part. en 1 vol. in-18 chag. br. tr. dor. *Vignettes d'après Marillier et Borel.*

181. Chansons de Béranger. *Paris, Perrotin,* 1859, 2 vol. gr. in-8, d.-rel. ch. rou. *Figures par Charlet, de Lemud, etc.*

182. Dernières chansons de Béranger. *Paris, Perrotin,* 1857, in-8, br. 13 *vignettes par de Lemud.*

## II. THÉATRE.

183. Les Comédies de Térence, trad. par Mme Dacier. *Amsterdam,* 1724, 3 vol. in-12, v. *Front. par B. Picart et fig. au trait.*

184. La Vie de Scaramouche par Mezetin, avec notes par L. Moland. *Paris, Bonnassies,* 1876, in-8, br. *Portrait.*

186. Lettre sur Baron et la Dlle Le Couvreur. Lettre du souffleur de la Comédie de Rouen; pub. par Bonnassies. *Paris,* 1871, in-12, br. *Fig.*

187. Galerie historique de la Comédie Française par De Manne et Ménétrier. Lyon, *Scheuring,* 1876, in-8, br. *Portraits à l'eau-forte par Fugère.*

188. Les Intrigues de Molière et celles de sa femme ou la Fameuse Comédienne, avec notes par Livet. *Paris, Liseux,* 1877, in-8, br. *Portr.*

189. Galerie historique des portraits des Comédiens ou la troupe de Molière, gravés à l'eau-forte par Fr. Hillemacher. *Lyon, Scheuring,* 1869, in-8, br.

* Grand papier teinté.

190. Iconographie moliéresque par P. Lacroix. *Paris, Fontaine,* 1876, in-8, br. *Fac-similé et portrait.*

191. Bibliographie moliéresque, par P. Lacroix, *Paris, Fontaine,* 1875, in-8, br. *Portr.*

192. Les Œuvres de Monsieur Molière. *Amsterdam, P. Brunel*, 1704, 4 vol pet. in-12, parch. *Fig.*

193. Œuvres de Molière, avec des remarques et des avertissements par Bret. *Paris*, 1773, 6 vol. in-8, d.-rel. v. fau., coins. *Portrait et figures de Moreau.*

194. Œuvres de Molière. *Paris, Desoer*, 1819, 9 vol. in-8, d.-rel. v. *Figures de Vernet, Déveria et autres.*

195. Œuvres complètes de Molière, revues sur les textes originaux par A. Regnier. *Paris, Impr. Nationale*, 1878, 5 vol. in-4 br. Papier de Hollande.

196. Œuvres complètes de Molière. *Paris, Froment*, 1823, 8 vol. in-18, v. fau. *Vignettes de Chasselat avant la lettre.*

197. Théâtre de J.-B. Poquelin de Molière. Edition collationnée sur les textes originaux et ornée de gravures à l'eau-forte par Fr. Hillemacher. *Lyon, Scheuring*, 1864-70, 8 vol. in-8, br.

Exemplaire en grand papier teinté.

199. Théâtre de P. Corneille. *Paris*, 1764, 12 vol. in-8, v. marb. *Figures de Gravelot, premier tirage (mouillures au tomce Ier.)*

200. Œuvres de Racine. *Londres, Tonson et Watts*, 1723, 2 vol. in-4, v. fau. tr. dor. *Portrait et dix figures par Cheron.*

201. Œuvres de Racine, avec les comment. de Luneau de Boisjermain. *Paris, Cellot*, 1768, 7 vol. in-8, v. rac., tr. dor. *Figures de Gravelot dont cinq doubles avec et avant la lettre.*

202. Œuvres de Racine, publiées par Petitot. *Paris, Renouard*, 1807, 4 vol. in-8, v. marb. *Portrait et figures de Moreau.*

203. Le Théâtre François, par Chappuzeau, avec notes par G. Monval. *Paris, Bonnassies,* 1876, in-8, br.

204. La Folle Journée ou le Mariage de Figaro, par de Beaumarchais. *Paris, Ruault,* 1785, in-8, v. marb. 5 *figures par Saint-Quentin, gravées par Malopeau.*

205. Œuvres complètes de Regnard. *Paris, Haut-Cœur,* 1820, 6 vol. in-8, bas. rac. *Portr. et* 12 *figures de Moreau et Marillier.*

206. Les Nymphes de Diane, opéra-comique de Favart, *s. l.*, 1748, in-8, br. *Vignettes par Boucher.*

207. Œuvres dramatiques de Destouches. *Paris, Lefèvre,* 1811, 6 vol. in-8, cart. n. rog. *Portr. et* 12 *gravures d'après Lafitte.*

208. Régulus, tragédie, et la Feinte par Amour, comédie. *Paris, Delalain,* 1773, *Front. par Marillier.* — Le Malheureux imaginaire, comédie, 1777. — Le Célibataire, comédie, 1776. *Figures par Marillier.* — Adélaïde de Hongrie, tragédie, 1774. En 1 vol. gr. in-8, v. marb. Papier de Hollande. (*Ces pièces sont de Dorat.*)

209. Régulus, tragédie en vers, précédée d'une lettre au solitaire du Guélaguet (par Dorat). *Paris, Jorry,* 1766 ; gr. in-8, d-.rel., mar. bl., coins, tête dorée (*Brany*). *Vignettes d'Eisen.*

Exemplaire en grand papier de Hollande, non rogné.

210. Tragédies par M. Dorat. *Londres et Paris, Monory,* 1780, in-8, v. marb. *Frontispices par Marillier et Queverdo. Papier de Hollande.*

211. Tragédies de Dorat. Amilka ou Pierre le Grand, 1767. *Vignettes d'Eisen.* — Régulus, 1765. *Vignettes d'Eisen.* — Théagène, 1766. *Vignette d'Eisen.* En 1 vol. in-8, v. marb. *Papier de Hollande.*

212. Galerie historique des comédiens de la troupe de

Nicolet, par De Manne et Ménétrier. *Lyon*, *Scheuring*, 1869, in-8, br. *Eaux-fortes par Fr. Hillemacher.*

213. Théâtre lyonnais de Guignol, publié pour la première fois. Seconde série. *Lyon*, *Scheuring*, 1870, in-8, br. papier vélin. *Eaux-fortes.*

214. Feu Séraphin. Histoire de ce spectacle, 1776-1870. *Lyon*, *Scheuring*, 1875, in-8, br. *Portrait et vignettes à l'eau-forte.*

215. Théâtre des Pupazzi, par Lemercier de Neuville. *Lyon*, *Scheuring*, 1876, in-8, br. *Portrait et eaux-fortes.*

## III. ROMANS.

216. Collection des romans grecs, traduits en français avec des notes par Courier, Larcher, etc. *Paris*, *Merlin*, 1822, 12 vol. in-18, d.-rel., v. r., n. rog. *Vignettes.*

217. Les Amours pastorales de Daphnis et Chloé. *Bouillon*, 1776, in-12, v. rac. *Figures du Régent.*

218. Les amours pastorales de Daphnis et Chloé. *Londres*, 1779, in-12, d.-rel. *Figures d'après celles du Régent.*

219. Les Amours pastorales de Daphnis et Chloé. *Amsterdam* (*Paris*, *Cazin*), 1794, pet. in-18, cart. *Figures.*

220. Les amours de Daphnis et Chloé. *Paris*, *Patris*, 1795, pet. in-18, d. rel. *Vignettes de Binet.*

221. Les Amours pastorales de Daphnis et Chloé. *Paris*, *Maradan*, 1798, in-18, maroq. bl. fil., tr. dor., rel. mod.

Exemplaire en papier vélin avec les cinq figures de Monsiau avant la lettre.

222. Daphnis et Chloé ou les Pastorales de Longus, trad.

par J. Amyot. *Paris*, *Leclerc*, 1863, in-8, d.-rel. d. et c. mar. rou. tête dorée, n. rog. *Figures d'après Gérard, Prud'hon*, etc., *sur Chine*.

223. Daphnis et Chloé, par Longus, traduction d'Amyot. *Paris*, *Jouaust*, 1872, in-18, br. *Vignettes d'E. Levy et Giacomelli*.

224. Les Amours pastorales de Daphnis et de Chloé, trad. par J. Amyot. *Paris*, *Lemerre*, 1872, pet. in-12, br.

225. Daphnis et Chloé, par Longus. *Paris*, *Quantin*, 1878, pet. in-18, br. *Vignettes*.

226. L'Ane d'or ou la métamorphose, par Apuler, trad. de Savalète. *Paris*, *Didot*, 1872, gr. in-8, br. *Nombr. Vignettes par Racinet*.

227. L'Amour et Psyché, par Apulée. *Paris*, *Quantin*, 1878, pet. in-18, br. *Vignettes d'après Natoire*.

228. Collection des romans de chevalerie, mis en prose française moderne, par A. Delvau. *Paris*, 1870, 4 vol. gr. in-8, br.

229. Aucassin et Nicolette, chantefable du XII<sup>e</sup> siècle, traduite par A. Bida. *Paris*, *Hachette*, 1878, gr. in-8, br.

Exemplaire sur papier de Chine avec eaux-fortes avant la lettre.

230. Histoire de Gérard de Nevers et de la Belle Euriant, par Tressan. *Paris*, *Didot*, 1792, pet. in-18, d.-rel. *4 vignettes par Moreau*.

231. Histoire du Petit Jehan de Saintré, par de Tressan. *Paris*, *impr. de Didot*, 1791, in-18, v., tr. dor., *4 figures par Moreau*.

232. Les Songes drôlatiques de Pantagruel, par Rabelais. *Paris*, *Tross*, 1869, in-8, br. *Fig*.

233. Les Cinq Livres de F. Rabelais, publiés avec des

variantes et un glossaire par P. Chéron. *Paris, Jouaust,* 1876, 5 vol. in-8, br. *Eaux-fortes par Boilvin.*

Grand papier de Hollande.

234. Les Amours de Psyché et de Cupidon, suivies d'Adonis, poèmes par La Fontaine. *Paris, Leclerc,* 1863, 2 vol. in-12, d.-rel., d. et c. mar. rou. *Portr. et Vignettes par Moreau.*

235. Histoire de Manon Lescaut et du chevalier Des Grieux, par l'abbé Prévost. *Paris, impr. de Didot l'aîné,* 1797. 2 vol. pet. in-18, mar. or. dent., tr. dor. *Vignettes de Lefebvre gravées par Coing.*

Papier vélin.

236. Histoire de Manon Lescaut par l'abbé Prévost. *Paris, Bourdin, s. d.,* gr. in-8, br. *Figures de Johannot, sur Chine.*

237. Histoire de Manon Lescaut et du chevalier Des Grieux. *Paris, Jouaust,* 1874, 2 vol. in-8, br. *Eaux-fortes par Hédouin.*

Grand papier de Hollande.

238. Histoire de Manon Lescaut et du chevalier Des Grieux, avec préface par A. Dumas fils. *Paris, Glady,* 1875, in-8, br. *Portraits et vignettes à l'eau-forte par Flameng.*

239. Histoire de Manon Lescaut par l'abbé Prévost. *Paris, Lemerre,* 1878, pet. in-8, br. *Vignettes à l'eau-forte par Monzies.*

240. Œuvres choisies de Prévost, cont. les mémoires et aventures d'un homme de qualité, suivis de Manon Lescaut. *Paris,* 1810, 3 vol. in-8, bas. *Fig de Marillier.*

241. Collection de romans et contes imités de l'anglois par de La Place. *Paris, Cussac,* 1788, 8 vol. in-8, bas. 24 *figures de Borel.*

**242.** Les Aventures de Télémaque, par Fénelon. *Paris, Ancelle*, 1798, 2 vol. in-4, cart. 25 *figures par Monnet* (*titre déchiré*).

243. Les Aventures de Télémaque, par Fénelon. *Paris, impr. de Crapelet*, an IV, 2 vol. in-8, maroq. bleu, fil, tr. dor. 25 *figures par Marillier*.

Bel exemplaire en papier vélin.

244. Les Aventures de Télémaque, par Fénelon. *Paris, Dentu*, 1808, 4 tomes en 2 vol. pet. in-18, d.-rel. mar. rou., coins., tr. dor.

Deux suites de vignettes par Queverdo et Lefebvre.

245. Histoire de Gil Blas de Santillane, par Le Sage. *Paris, Lefèbre*, 1820, 3 vol. in-8, v. rac. fil. *Portr. et figures de Desenne*.

246. Mémoires du comte de Grammont, par Hamilton, avec notes par B. Pifteau. *Paris, Bonnassies*, 1876, in-8, br. *Eaux-fortes par Chauvet*.

247. Œuvres du comte Antoine Hamilton. *Paris, A.-A. Renouard*, 1812, 3 vol. in-8, v. viol. *Portraits et 5 figures par Moreau*.

248. Romans et contes de M. de Voltaire. *A. Bouillon, aux dépens de la Société typographique*, 1778, 3 vol. in-8, v. marb. *Portrait et 57 figures par Monnet*.

249. Romans de Voltaire. *Paris, Jouaust*, 1878, 5 vol. in-8, br. *Eaux-fortes, par Laguillermie*.

Grand papier de Hollande.

250. Emile, ou de l'Education, par J.-J. Rousseau. *La Haye, Néaulme*, 1762, 4 vol. in-8, v. marb. *Vignettes d'Eisen*.

251. La Nouvelle Héloïse, par J.-J. Rousseau. *Neufchâtel et Paris*, 1764, 4 vol. in-8, marb. *Frontisp. par Cochin vignettes par Gravelot*.

252. Julie ou la nouvelle Héloïse, par J.-J. Rousseau. *Paris, Barbier*, 1845, 2 vol. gr. in-8, d.-rel., ch. vert. *Figures de Tony Johannot, sur Chine.*

253. Bélisaire, par Marmontel. *Lausanne*, 1771, in-8, v. fau. 4 *fig. de Gravelot.*

254. Le même ouv. *Paris*, 1767, in-12, v. *Fig. de Gravelot.*

255. Les Incas, ou la destruction de l'Empire du Pérou, par Marmontel. *Paris, Lacombe*, 1777, in-8, v. fau. fil., tr. dor. (*Petit*). *Figures de Moreau.*

256. Les Incas, par Marmontel. *Paris, Lacombe*, 1777, 2 vol. in-8, cart. *Figures par Moreau.*

257. Les Liaisons dangereuses (par Choderlos de Laclos). *Londres*, 1796, 2 vol. in-8, maroq. viol., fil. tr. dor. (*Quinet*). *Figures de Bonnet et Mlle Gérard. Portrait ajouté*

258. Les Liaisons dangereuses, par Choderlos de Laclos. *Genève*, 1801, 4 vol., pet. in-8, d.-rel. *Vignettes de Le Barbier.*

259. Le Compère Mathieu (par Du Laurens). *Paris, Patris*, 1796, 3 vol. pet. in-8, demi-rel. 9 *figures non signées.*

260. Le Compère Mathieu, ou les bigarrures de l'esprit humain (par Du Laurens). *Paris, Dufart*, 1798. 4 tom. en 2 vol., petit in-18, demi-rel. v. fau., n. rog. *Jolies vignettes.*

261. Paul et Virginie, par B. de Saint-Pierre. *Paris, L. Janet* (*imp. de J. Didot*), in-18, d. et c. mar. bl., tête dorée., n. rog. *Vignettes de Corbould et de Desenne.*

262. Paul et Virginie, par Bernardin de Saint-Pierre.

*Paris, Curmer*, 1838, gr. in-8, chag. vert, fil. tr. dor. *Nombr. vignettes, par T. Johannot, Français, Meissonier. etc. Avec le portrait du Docteur.*

263. Paul et Virginie. Dessin par de La Charlerie. *Paris, Lemerre*, 1868, in-4, cart. *Papier fort teinté.*

264. Paul et Virginie, par B. de Saint-Pierre, préface par J. Janin. *Paris, Jouaust*, 1875, in-18, br. *Vignettes d'E. Lévy et Giacomelli.*

Quatre eaux-fortes par Foulquier ajoutées.

265. Paul et Virginie, par B. de Saint-Pierre. *Paris, Jauaust*, 1877, in-8, br. *Eaux-fortes de Laguillermie.*

Grand papier de Holladde.

266. Paul et Virginie, par B. de Saint-Pierre. *Paris, Liseux*, 1879, in-12, br. *Eaux-fortes, par Lalauze.*

267. Atala et René, par de Chateaubriand. *Paris, Jouaust*, 1877, in-18, br. *Vignettes d'E. Lévy et Giacomelli.*

268. Madame Putiphar, par Petrus Borel. 2e édition pub. par J. Claretie. *Paris, Willem*, 1877, 2 vol. in-8, br. *Figures.*

Papier de Hollande.

269. Œuvres de G. Flaubert, Madame Bovary, *Paris, Lemerre*, 1874, 2 vol. pet. in-12, d. et c., maroq. rou. tête dorée, n. rog. *Eaux-fortes, par Boilvin.*

270. Les Souffrances du professeur Delteil, par Champfleury. *Paris, Rothschild*, 1870, in-8, d. et c., mar. rou., tête dorée, n. rog. *Vignettes par Crafty.*

271. Le Violon de Faïence, par Champfleury. *Paris, Dentu*, 1877, in-8, br. *Dessin en couleur, par E. Renard; eaux-fortes, par Adeline.*

272. Monsieur, Madame et Bébé, par G. Droz. *Paris, Havard*, 1878, gr. in-8, br. *Portrait et vignettes, par E. Morin.*

Exemplaire sur papier de Hollande.

273. Le Roman à l'eau-forte, par Poisle-Desgranges. *Paris, Bachelin*, 1874, in-8, br. *Eaux-fortes, par Taiée.*

274. L'Assommoir, par E. Zola. *Paris, Marpon*, 1878, gr. in-8, br.

Exemplaire sur grand papier de Hollande, avec figures tirées à part sur chine volant. On a ajouté le portrait de l'auteur, par Guillaumot, sur chine monté et sur chine volant.

---

275. Voyages de Gulliver. *Paris, impr. de P. Didot l'aîné*, 1797, 4 vol. pet. in-18, mar. roug. fil. dent., tr. dor. (*Bozérian*). *Jolies vignettes de Lefebvre, gravées par Masquelier.*

Bel exemplaire en papier vélin.

276. Voyages de Gulliver, par Swift. *Paris, Furne*, 1838, 2 vol, in-8, demi-rel. bas.

Premier tirage des vignettes de Grandville.

277. Les Quatre Voyages du capitaine Lemuel Gulliver, traduction de l'abbé Desfontaines, revue par Reynald. *Paris, Jouaust*, 1875, 4 vol. in-8, br. *Eaux-fortes, par Lalauze.*

Grand papier de Hollande.

278. Etranges aventures de Robinson Crusoé, par D. de Foë, trad. par Battier. *Paris, Bonnassies*, 1877, in-8, br. *Figures par J. Fesquet.*

279. Vie et aventures de Robinson Crusoé, par Daniel de Foë, traduction de Petrus Borel. *Paris, Jouaust*, 1878, 4 vol. in-8, br. *Eaux-fortes.*

Grand papier de Hollande.

280. Tom Jones, par Fielding. *Paris, Didot*, 1833, 4 vol. in-8, br. *Figures de Moreau, noires et coloriées.*

281. Tom Jones, par Fielding. *Paris, Didot*, 1833, 4 vol. in-8, demi-rel. chag. *Figures par Moreau*.

282. L'Ingénieux hidalgo Don Quichotte de la Manche, par Cervantes, traduction de L. Viardot avec les dessins de G. Doré. *Paris, Hachette*, 1863, 2 vol. in-fol. cart., n. rog.

283 De Voornaamste Gevallen Van den Wonderlyken Don Quichot (les principales aventures de Don Quichotte). *La Haye, de Hondt*, 1746, in-fol., v. marb. 31 *figures par Coypel*.

Exemplaire en papier de Hollande de premier tirage.

284 Mémoires de Jacques Casanova de Seingalt. *Bruxelles, Rozez*, 1872, 6 vol. in-8, br.

Grand papier vergé, avec la suite des 48 figures au trait.

285 Faust de Gœthe, traduction de J. Porchat. *Paris, Hachette*, 1878, in-fol., cart. en perc. *Planches, par Liézen-Mayer*.

286 La Légende d'Ulenspiegel et de Lamme Goedzak, par Ch. de Coster. Deuxième édition. *Paris, Lacroix*, 1869, in-4, br. 32 *planches à l'eau-forte*.

287 Aventures du Gourou Paramarta, conte drolatique indien, trad. par l'abbé Dubois. *Paris, Barraud*, 1877, in-8, br. *Eaux-fortes, par Bernay et Catelain*.

## IV. CONTES ET NOUVELLES. — DISSERTATIONS SINGULIÈRES.

288 Les Facéties de Pogge, trad. en français avec texte en regard. *Paris, Liseux*. 1878, 2 vol. pet. in-12, br.

289 Les Dix Journées de Jean Boccace, traduction de Le Maçon, avec notice, notes et glossaire, par P. Lacroix.

*Paris, Jouaust*, 1873, 10 vol. in-8, br. *Eaux-fortes par Flameng.*

Grand papier de Hollande.

290 Nouvelles de Jean Boccace, traduction libre, par Mirabeau. *Paris, Duprat*, 1802, 4 vol. in-8, demi-rel. mar. rou., coins, tête dorée. 8 *figures de Marillier.*

On a ajouté un portrait par Gravelot et deux vignettes copiées sur celles de Marillier.

291 Le Décaméron de Boccace, traduction complète, par Antoine Le Maçon. *Paris, Liseux*, 1879, 6 vol. pet. in-12, br.

292 Contes fantastiques d'Hoffmann, trad. par H. Egmont. *Paris*, 1836, 4 vol. in-8, demi-rel. v. fau. tr. dor. *Vignettes par Rogier.*

293 Les Dix Dizaines des cent nouvelles nouvelles, avec notice, notes et glossaire par P. Lacroix. *Paris, Jouaust*, 1874, 10 vol. in-8, br. *Eaux-fortes par J. Garnier.*

Grand papier de Hollande.

294 Les Sept Journées de la Reine de Navarre, suivies de la huitième (édition de Claude Gruget, 1559), avec notice et notes, par P. Lacroix. *Paris, Jouaust*, 1872, 8 vol. in-8, br. *Eaux-fortes par L. Flameng.*

Grand papier de Hollande.

295. Les Contes de Perrault. Dessins par G. Doré. *Paris, Hetzel*, 1864, pet. in-fol., cart. n. rog. (*Première édition*).

296 Les Contes des Fées, par Ch. Perrault. *Lyon* (*Impr. L. Perrin*, 1865, in-8, br. *Vignettes d'après Eisen et Marillier.*

Exemplaires sur papier vergé teinté.

297 Les Contes des Fées, par Ch. Perrault. *Lyon, impr. de L. Perrin*, 1865, in-8, demi-rel. c. de Russie, tête dorée, n. rog. *Portrait et jolies vignettes*

298 Les Contes de Ch. Perrault, avec préface par P.-L. Jacob. *Paris, Jouaust*, 1876, in-8, br. *Eaux-fortes par Lalauze.*

Grand papier de Hollande.

299 Facéties du comte de Caylus, avec notice, par O. Uzanne. *Paris, Quantin*, 1879, in-8, br.

Papier Whatman avec double épreuve du portrait.

300 Contes du chevalier de Boufflers, avec notice par O. Uzanne. *Paris. Quantin*, 1878, in-8, br.

Exemplaire sur papier Whatman avec double épreuve du portrait.

301. Contes de l'abbé de Voisenon avec notice, par O. Uzanne. *Paris, Quantin*, 1878, in-8, br.

Papier Whatman avec double épreuve du portrait.

302. Voyage sentimental en France et en Italie, par Sterne, trad. par A. Hédouin. *Paris, Jouaust*, 1875, in-8, br. *Eaux-fortes par E. Hédouin.*

Grand papier de Hollande.

303. Voyage autour de ma chambre, par Xavier de Maistre. *Paris, Jouaust*, 1877, in-8, br. *Eaux-fortes par Hédouin.*

Grand papier de Hollande.

304. Voyage autour de ma chambre, par Xavier de Maistre. *Paris, Lemerre*, 1878, pet. in-8, br. *Eaux-fortes.*

305. Contes de Ch. Nodier. *Paris, Lecou, s. d.*, gr. in-8, cart. *Eaux-fortes par T. Johannot.*

306. Les contes drolatiques, colligez ez abbayes de Touraine par de Balzac. *Paris, Société générale de Librairie*, 1855, pet. in-8, dos et coins mar. rouge, tête dorée. *Premier tirage des vignettes de G. Doré.*

307. Nouvelles historiques, par M. d'Arnaud. *Paris, Delalain*, 1774, 2 vol. in-8, v. marb. *Figures et vignettes d'Eisen, Marillier et Le Barbier.*

308. Primerose, par Morel de Vindé. *Paris, Didot l'aîné*, 1797, pet. in-18, d.-rel. *Vignettes de Lefebvre.*

309. Le Bric-à-brac de l'Amour, par O. Uzanne. *Paris, Rouveyre*, 1879, pet. in-8, br. *Frontisp. par Lalauze.*

310. Scènes de la vie privée et publique des animaux, par Grandville. *Paris, Hetzel*, 1842, 2 vol. gr. in-8, chag., br., tr. dor.

310 *bis*. Le même ouvrage d.-rel., chag. n.

311. Les Grandes Dames, par A. Houssaye. *Paris, Dentu, s. d.*, gr. in-8, br. *Fig.*

312. L'Éloge de la Folie, par Erasme, trad. par Gueudeville. *Neuchâtel*, 1877, in-8, v. marb. *Figures d'Holbein.*

313. L'Eloge de la Folie, trad. d'Erasme par Barrett. *Paris*, 1789, in-12, v. *Figures d'Eisen.*

313 *bis*. Le même ouvr., 1757, in-12, bas. *Fig. d'Eisen.*

314. L'Éloge de la Folie d'Erasme, trad. par V. Develay, et accompagné des dessins d'Holbein. *Paris, Jouaust*, 1876, in-8, br.

315. Les Colloques d'Erasme, nouvellement traduits par V. Develay. *Paris, Jouaust*, 1875, 3 vol. in-8, br. *Vignettes à l'eau-forte par J. Chauvet.*

316. Théâtre du monde, par Richer. *Paris, Defer de Maisonneuve*, 1788, 4 vol. in-8, bas. marb. *Figures de Marillier.*

317. Le Moyen de parvenir, par Beroalde de Verville. (*Paris*), 1757, 2 vol., petit in-12, v. marb. *Front. par Martinet.*

318. Le Moyen de parvenir, par Beroalde de Verville, nouv. édition avec notes et glossaire. *Paris, Willem*, 1870, 2 vol. in-8, br. *Nombr. vignettes.*

Papier de Chine.

319. Les Chats (par Montcrif). *Paris, Quillau*, 1727. *Figures de Coypel.* — Histoire des Rats, pour servir à l'histoire universelle. *Ratopolis*, 1738, *Figure.* —Lettre d'un rat calotin à Citron Barbet, au sujet de l'Histoire des Chats, 1727. En 1 vol. in-8, v marbr. (*Armoiries*).

320. Le Livre à la mode (par Caraccioli). *A Verte-feuille et en Europe.* (*Paris*), 1759, 2 part. en 1 vol. in-12, v. marb., tr. dor. *Imprimé en rouge et vert.*

321. Alphabet de l'imperfection et malice des femmes, par J. Olivier. *Paris, Barraud*, 1876, in-8, br. *Vignettes à l'eau-forte.*

V. ÉPISTOLAIRES.

323. Lettres d'une Péruvienne, par M^me de Graffigny. *Paris, Durand*, 1802, 2 vol. in-8, bas. *Figures de Le Barbier.*

324. Lettres à Émilie sur la Mythologie, par de Moustier, *Paris*, 1792, 2 vol. in-8, bas. *Figures de Queverdo.*

325. Lettres à Émilie sur la Mythologie, par Demoustier. *Paris, Renouard*, 1801, 6 tomes en 3 vol. in-8, v. marb. 36 *figures par Monnet.*

326. Lettres à Émilie sur la Mythologie, par Demoustier. *Paris, Renouard*, 1809, 6 tomes en 3 vol., petit in-18, d.-rel. 36 *figures par Moreau.*

327. Correspondance de M^me de Pompadour avec son père et son frère, publiée par A.-P. Malassis. *Paris, Baur*, 1878, in-8, br.

Exemplaire en grand papier avec double état des deux portraits.

VI. POLYGRAPHES.

328. Œuvres complètes du Roi René, avec notices, par le comte de Quatrebarbes. *Angers*, 1845, 2 vol. in-4, br. *Pl.*

329. Œuvres de Rabelais, texte collationné sur les éditions originales, avec des notes et un glossaire. *Paris, Garnier*, 1873, 2 vol. in-fol., cart., n. rog.

Exemplaire sur papier de Hollande avec les figures de G. Doré sur chine.

330. Œuvres de M. de La Fontaine. *Anvers, Sauvage*, 1726, 3 vol. in-4, v. fau.

Exemplaire dans lequel on a intercalé six dessins pour les contes, d'après Baudet-Bauderval, trois dessins non signés, sept lithographies d'après Hersent, une eau-forte par Devéria, onze eaux-fortes pour les Fables (édition Jouaust), un portrait et un dessin pour Psyché d'après Prud'hon.

331. Œuvres complètes de J. La Fontaine. *Paris, Lefèvre*, 1814, 6 vol. in-8, v. ant., tr. dor. (*Doll.*).

Bel exemplaire en papier vélin avec les figures de Moreau *avant la lettre.*

332. Œuvres complètes de La Fontaine. *Paris, Lefèvre*, 1818, 6 vol. in-8, bas. rac.

333. Œuvres complètes de M^me^ de Grafigny. *Paris, Briand*, 1821, in-8, v. rac., dent., tr. dor. *Portr. et figures de Le Barbier.*

334. Œuvres de Scarron, avec notes, par Ch. Baumet. *Paris, Arnaud et Labat*, 1877, 2 vol. in-8, br. *Portr.*

335. Œuvres de Voltaire. *Paris*, 1775, 40, vol. in-8, v. m. *Figures d'après Gravelot.*

336. Œuvres de Boileau Despréaux, avec des éclaircissements donnés par lui-même. *Amsterdam, Mortier*, 1718, 2 vol. in-4, d.-rel., v. fau., coins, tête dorée. *Front. et figures par B. Picart.*

337. Œuvres de J.-J. Rousseau. *Neuchâtel* et *Paris*, 1764, 17 vol. in-8, v. marb. *Vignettes d'Eisen et de Gravelot.*

Nouvelle Héloïse. — Émile. — Œuvres diverses.

338. Œuvres conplètes de J.-J. Rousseau. 1790, 36 vol. in-8, br. 87 *gravures par Marillier et Monnet*.

339. Œuvres de Florian. *Paris*, *Didot l'aîné*, 1787, 12 vol. in-8, v. rac., fil. 102 *Vignettes par Queverdo*, *Le Barbier*, etc.

340. Œuvres de Florian. *Paris*, *impr. de Didot*, 1787, 10 vol. in-8, v. marbr. 86 *vignettes de Queverdo*, *Lefebvre*, etc.

341. Œuvres complètes de Marmontel. *Paris*, *Verdière*, 1819, 19 vol. in-8, d.-rel., v. rose.

Exemplaire sur papier vélin avec 2 portraits et 37 figures avant la lettre d'après Desenne.

342. Œuvres de Florian. *Paris*, *Briand*, 1823, 13 vol. in-8, d.-rel., v. vert. *Portr. et 24 grav. de Choquet.*

343. Œuvres de Fontenelle. *Paris*, *Brunet*, 1758, 11 vol. in-12, v. marb. *Fig. de Coypel et Gravelot.*

344. Œuvres complètes de Crébillon. *Paris*, *libraires associés*, 1785, 3 vol. in-8, v. marb. *Portrait et figures de Marillier.*

345. Œuvres de Ducis. *Paris*, *Nepveu*, 1813, 3 vol. in-8, v. fau., fil., tr. dor. (*Doll.*). *Portrait et figures de Desenne.*

346. Œuvres badines et morales historiques et philosophiques de Cazotte. *Paris*, *Bastien*, 1817, 4 vol. in-8, d.-rel., mar. bl., n. rog.

Bel exemplaire en papier vélin auquel on a ajouté, outre les gravures de l'édition avant la lettre, une lettre autographe signée de Cazotte, les gravures de Marillier, et deux gravures par Chasselat, avant la lettre.

347. Œuvres de Delille. *Paris*, *Michaud*, 1824, 16 vol. in-8, d.-rel., mar. bl., n. rog.

Exemplaire sur grand papier vélin avec 18 figures sur chine avant la lettre, d'après Moreau, Desenne, Gérard, etc.

348. Œuvres de M. d'Arnaud. *Paris, Delalain*, 1778, 5 vol. in-8, v. marb. *Figures d'Eisen et Marillier.*

349. Œuvres complètes de Bernardin de Saint-Pierre. *Paris, Méquignon-Marvis*, 1818, 12 vol., d.-rel., mar. rou., n. rog. *Portrait et 15 gravures d'après Moreau, Girodet, Vernet*, etc.

Exemplaire en papier vélin avec figures avant la lettre.

350. Œuvres de J. Collin de Plancy. *Paris, Plon, s. d.*, 6 vol. in-8, br. *Figures en couleurs.*

351. Œuvres complètes d'Alfred de Musset. Édition dédiée aux amis du poète. *Paris, Charpentier*, 1865, 10 vol. gr. in-8, br., papier de Hollande. 28 *gravures par Bida, sur Chine avant la lettre.*

353. Œuvres diverses de Jules Janin, publiées, sous la direction de M. A. de La Fizelière. *Paris, Jouaust*, 1876-78, 12 vol. in-12, br.

Grand papier de Hollande avec eaux-fortes.

354. Œuvres complètes d'Alexandre Pope, trad. en françois. *Paris, Duchesne*, 1779, 8 vol. in-8, v. marb. fil., tr. dor. *Portrait et figures de Marillier.*

355. Œuvres complettes d'Alexandre Pope. trad. en françois. *Paris, Devaux*, 1796, 8 vol. in-8, d.-rel. mar. rou. n. rog. *Figures par Marillier.*

Exemplaire en grand papier vélin.

356. Œuvres complettes de Gesner. *Paris, Cazin*, 1778, 3 vol. pet. in-18, v. marb. fil. tr. dor. *Vignettes de Marillier.*

357. Œuvres complètes de Gessner. *Paris, Patris*, 1796, 6 tomes en 3 vol. pet. in-18, bas. *Vignettes par Binet.*

358 *bis*. Le même ouvrage, *Paris, Patris*, 1796, 3 vol. in-8, bas. rac. *Vignettes par Binet.*

358. Œuvres de Gessner. *Paris, Bossange.* 1797, 3 vol. petit in-18, v. rac., tr. dor. *Vignettes d'après Marillier.*

359. Œuvres de Gesner. *Paris, Dufart, s. d.,* 2 vol. gr. in-8, v. gr. *Vignettes d'après Monnet. Grand papier.*

360. Œuvres de Gesner. *Paris, Dufart, s. d.,* 2 vol. in-8, d.-rel. *Vignettes par Monnet, avec l'encadrement.*

361. Collection du Bibliophile français. *Paris, Bachelin-Deflorenne,* 1864-68, 12 vol. pet. in-18, pap. vergé, br. *Eaux-fortes par Staal.*

362. Petite Bibliothèque Charpentier. *Paris, Charpentier,* 1876-77. 9 vol- in-32, br. *Eaux-fortes.*

Œuvres d'Alfred de Musset, 7 vol. — Colomba, par P. Mérimée. — Contes choisis, par Daudet.

363. Petite Bibliothèque Charpentier. *Paris, Charpentier,* 1876-78, 7, vol. in-32, br. *Eaux-fortes.*

Exemplaire sur papier de Hollande.

Mademoiselle de Maupin, 2 vol. — Le docteur Herbeau. — Contes choisis, par Daudet. — Lui et Elle, par de Musset. — Colomba. — Fortunio.

364. Petite Collection Elzévirienne. *Paris, Liseux,* 1875-78, 24 vol. pet. in-12, br.

365. Petite Bibliothèque de luxe. *Paris, Quantin,* 1878, 5 vol. in-12, br. *Eaux-fortes.*

La Princesse de Clèves. — Adolphe, par B. Constant. — Paul et Virginie. — Le Diable amoureux. — Valérie.

---

# HISTOIRE

---

## I. VOYAGES.

366. Histoire générale des Voyages, par Dumont d'Urville, d'Orbigny, etc. *Paris, Furne,* 1859, 4 vol. gr. in-8, br. *Nombr. fig. et cartes.*

367. Promenade autour du monde, 1871, par le baron de Hübner. *Paris, Hachette*, 1877, in-4, d.-rel. chag. rou., tr. dor. 316 *gravures sur bois.*

368. Voyage aux Pyrénées, par Taine. *Paris, Hachette*, 1860, gr. in-8, d.-rel. chag. vert, tr. dor. *Vignettes par G. Doré.*

369. L'Orient par Th. Gautier. *Paris, Charpentier*, 1877, 2 vol. in-12, br.

Papier de Hollande.

370. Une Année dans le Sahel et un Été dans le Sahara, par E. Fromentin. *Paris, Lemerre*, 1774, 2 vol. in-8, br.

371. Sahara et Sahel, par E. Fromentin. *Paris, Plon*, 1879. 2 vol. gr. in-8, br.

Exemplaire sur papier de Hollande avec quatre états différents des eaux-fortes.

372. Voyage aux Grands Lacs de l'Afrique Orientale, par Burton. *Paris, Hachette*, 1862, gr. in-8. d.-rel. chag. rou., tr. dor. *Fig.*

373. Voyages et aventures dans l'Afrique équatoriale, par Du Chaillu. *Paris, Lévy*, 1863, gr. in-8, br. *Nombr. gravures.*

374. Une Année de voyage dans l'Arabie centrale, par W. Giffort Palgrave. *Paris, Hachette*, 1866, 2 vol. gr. in-8, d.-rel. chag. vert., tr. dor. *Fig.*

375. Découverte de l'Albert N'Yanza, nouvelles explorations des sources du Nil, par White Baker. *Paris, Hachette*, 1868, gr. in-8, d.-rel. chag. v., tête dorée. *Fig.*

376. Les Sources du Nil, Journal de voyage de Hanning Speke. *Paris, Hachette*, 1864, gr. in-8, d.-rel. chag. br., tr. dor. *Fig.*

377. Au Cœur de l'Afrique, voyages et découvertes, par G. Schweinfurth. *Paris*, *Hachette*, 1875, 2 vol. gr. in-8, br. *Nombr. figures.*

378. A travers l'Afrique, par L. Cameron. *Paris*, *Hachette*, 1878, gr. in-8, br. *Fig.*

379. Explorations du Zambèse et de ses affluents, par D. et Ch. Livingstone. *Paris*, *Hachette*, 1866, gr. in-8, d.-rel. chag. v., tr. dor. *Fig.*

380. Exploration dans l'intérieur de l'Afrique australe par le docteur Livingstone. *Paris*, *Hachette*, 1873, gr. in-8, d.-rel. chag. rou., tr. dor. *Fig.*

381. Dernier Journal du docteur Livingstone. *Paris*, *Hachette*, 1876, 2 vol. gr. in-8, d.-rel. chag. rou., tr. dor. *Fig.*

382. Comment j'ai retrouvé Livingstone. Voyages dans le centre de l'Afrique, par H. Stanley. *Paris*, *Hachette*, 1877, gr. in-8, d.-rel. chag. rou., tr. dor. *Fig.*

383. La Guyane française. Notes et souvenirs d'un voyage exécuté en 1862-63, par Bouyer. *Paris*, *Hachette*, 1867, in-4, d.-rel. chag. roug., tr. dor. *Fig.*

384. Journal d'un voyage dans l'Inde anglaise, par Devay. *Paris*, *Didot*, 1867, 2 vol. gr. in-8, br. *Fig.*

385. L'Inde des Rajahs. Voyage dans l'Inde centrale, par L. Rousselet. *Paris*, *Hachette*, 1875, in-4, d.-rel. chag. br., plats en toile, tr. dor. *Nomb. fig.* (*Première édition.*)

386. Voyage à travers l'Amérique du Sud, par P. Marcoy. *Paris*, *Hachette*, 1869, 2 vol. in-4, d.-rel. chag. rou. tr. dor. *Nombr. gravures.*

387. Voyage au Pôle Nord, par J. Gourdault. *Paris*, *Hachette*, 1875, gr. in-8, d.-rel. chag. br., tr. dor. *Fig.*

388. Voyage de l'Atlantique au Pacifique, par le vicomte Milton et Cheadle. *Paris*, *Hachette*, 1866, gr. in-8, d.-rel. chag. roug., tr. dor. *Fig.*

389. La Terre de désolation. Excursion au Groënland, par Hayes. *Paris*, *Hachette*, 1874, gr. in-8, d.-rel. chag. tr. dor. *Fig.*

390. Voyage dans l'Amérique centrale, par A. Morelet. *Paris*, *Gide*, 1857, 2 vol. in-8, br. *Cartes et fig.*

## II. HISTOIRE ANCIENNE. — HISTOIRE DE FRANCE.

391. Introduction à l'histoire de l'Univers, par de Pufendorff et Bruzen de La Martinière. *Paris*, 1758, 8 vol. in-4, v. marb. tr. dor. *Petites vignettes d'Eisen.*

392. Q. Curtii Historiæ Alexandri Magni, ex recognitione Blancardi. *Lugd Batav.* 1649, in-8, v. fau. *Front.*

393. Cornelii Nepotis Vitæ excellentium imperatorum cum notis variorum. *Lugd. Batav.* 1658, in-8, v. fau. *Front.*

394. Sabine ou Matinée d'une dame romaine à sa toilette, trad. de l'allem. de Bœttiger. *Paris*, 1813, in-8, cart. n. rog. *Fig.*

395. La Vie au temps des Trouvères, par A. Méray. *Paris*, *Claudin*, 1873, in-8, br.

396. La vie au temps des Cours d'amour, par A. Méray. *Paris*, *Claudin*, 1876, in-8, br.

397. La Vie au temps des Libres Prêcheurs, par A. Méray, *Paris*, *Claudin*, 1878, 2 vol. in-8, br. *Fig.*

398. Le Droit du Seigneur et la Rosière de Salency, par L. de Labessade. *Paris*, *Rouveyre*, 1878, in-12, br.

399. L'Amour au XVIII^e siècle, par E. et J. de Goncourt. *Paris*, *Dentu*, 1875, in-8, br. *Frontisp. par Boilvin.*

400. Traicté de la forme et devis comme on faict les Tournois, par Olivier de La Marche, Hardouin de la Jaille, etc., mis en ordre par B. Prost. *Paris, Barraud*, 1878, in-8, br. 16 *planches coloriées*. (Tiré à 260 ex.).

401. Histoire des Croisades, par Michaud. Illustrée de 100 grandes compositions par G. Doré. *Paris, Hachette*, 1876, 2 vol in-fol. en livraisons.

402. La Conquête de Constantinople, par Geoffroi de Ville-Hardouin, texte original avec traduction par Natalis de Wailly. *Paris, Firmin-Didot*, 1872, gr. in-8, br.

Grand papier.

403. La Mission, de Jeanne D'Arc par Fr. Godefroy. *Paris, Reichel*, 1878, gr. in-8, br. *Planches en couleurs.*

404. Jean, Sire de Joinville. Histoire de saint Louis, Credo et Lettre à Louis X, texte original avec traduction par Natalis de Wailly. *Paris, Firmin-Didot*, 1874, gr. in-8, br. *Fac-similé en couleurs.*

Grand papier.

405. Les Mémoires de messire Philippe de Commines. *A Leide, chez les Elséviers*, 1648, pet. in-12, moroq. rou., fil., tr. dor., *titre gravé.*

407. La Satyre Ménippée, publiée par Ch. Read. *Paris, Jouaust*, 1876, in-12 br.

408. Mémorial de Sainte-Hélène, par le comte de Las Cases. *Paris, Furne, s. d.* 2 vol. gr. in-8, br. *Nombr. vignettes.*

410. Histoire de Paris et des monuments, par de La Gournerie. *Tours, Mame*, 1854, gr. in-8, d.-rel. ch. rou., tr. dor. *Fig.*

411. Histoire anecdotique des Barrières de Paris, par A. Delvau. *Paris, Dentu*, 1865, in-12, br. *Eaux-fortes par E. Thérond.*

412. La Bretagne ancienne et moderne, par Pitre-Chevalier. *Paris, Coquebert*, gr. in-8, d.-rel. *Fig.*

413. La Normandie et la Bretagne, par J. Janin. *Paris, Bourdin*, 1862, 2 vol. gr. in-8, br. *Fig. par Daubigny, Bellangé*, etc.

414. Le Sacre et couronnement de Louis XVI, Roi de France, dans l'Eglise de Reims. Enrichi d'un grand nombre de figures gravées par le sieur Patas. *Paris, Vente*, 1775, gr. in-8, papier de Hollande, d.-rel. v.

416. La Grèce pittoresque et historique, par Wordsworth. *Paris, Curmer*, 1841, gr. in-8, d.-rel. chag. bl., tr. dor. *Fig.*

417. L'Italie, par J. Gourdault, illustrée de 450 gravures sur bois. *Paris, Hachette*, 1877, gr. in-4, d.-rel. chag. rou., ornements sur les plats, tr. dor.

418. Rome. Description et souvenirs par Francis Wey. *Paris, Hachette*, 1872, in-4, d.-rel. chag. rouge, plats en toile, tr. dor. *Nombr. gravures sur bois dans le texte.*

419. L'Espagne, par le baron Davillier. *Paris, Hachette*, 1874, in-4, d.-rel. chag. rou., tr. dor. 309 *grav. sur bois par G. Doré.*

420. La Cour et la ville de Madrid vers la fin du XVII<sup>e</sup> siècle, par la comtesse d'Aulnoy. *Paris, Plon*, 1874, 2 vol. in-8, br. *Portr.*

421. La Russie libre, par Hepworth Dixon. *Paris, Hachette*, 1873, gr. in-8, d.-rel. chag. rou., tr. dor. *Fig.*

422. Amsterdam et Venise, par H. Havard. *Paris, Plon*, 1876, gr. in-8, br. *Gravures sur bois et eaux-fortes par L. Flameng et Gaucherel.*

# PARALIPOMÈNES HISTORIQUES

## I. BIOGRAPHIE.

423. Charlemagne, par A. Vétault. Introduction par L. Gautier. *Tours*, *Mame*, 1877, gr. in-8, br. *Gravures sur bois et planches en couleurs.*

424. Jeanne d'Arc, par H. Wallon. *Paris*, *Firmin-Didot*, 1876, gr. in-8, br. *Planches en couleurs.*

Grand papier.

425. Christophe Colomb, par le comte Roselly de Lorgues. *Paris*, *Palmé*, 1879, gr. in-8, br. *Planches en couleurs.*

426. La Vie de M. de Molière, par Grimarest. — Les Intrigues de Molière et celles de sa femme. — Elomire hypocondre. — Molière jugé par ses contemporains, par P. Malassis. *Paris*, *Liseux*, 1876-78, 4 vol. pet. in-12, br.

427. Les Points obscurs de la vie de Molière, par J. Loiseleur. *Paris*, *Liseux*, 1877, in-8, br. *Portrait par Lalauze.*

428. Histoire de Marie-Antoinette, par E. et J. de Goncourt. Edition ornée d'encadrements à chaque page, par Giacomelli, et de douze planches hors texte. *Paris*, *Charpentier*, 1878, pet. in-4, br.

Un des trente exemplaires numérotés sur papier de Hollande, avec double épreuve des planches.

429. Madame de Pompadour, par E. et J. de Goncourt *Paris*, *Charpentier*, 1878, in-12, br.

Papier de Hollande.

430. La Comtesse Du Barry, sa vie amoureuse, par P. de Saint-Victor et A. Houssaye. *Paris*, 1878, in-12, br. *Portraits.*

431. Sophie Arnould, d'après sa correspondance, par E. et J. de Goncourt. *Paris, Dentu*, 1877, pet. in-4, br. *texte encadré, portrait et fac-similé.*

432. Raffet, sa vie et ses œuvres, par A. Bry. *Paris, Baur*, 1874, in-8, br. *Portraits et eaux-fortes.*

433. J.-F. Millet. Souvenir de Barbizon, par A. Piedagnel. *Paris, Cadart*, 1876, gr. in-8, br. *Front. par Rops et eaux-fortes par Lalanne, Beauverie, etc.*

434. Charles Baudelaire. Souvenirs. Correspondances. Bibliographie. *Paris, Pincebourde*, 1872, in-8, br. *Grand papier.*

435. Biographie d'Alfred de Musset, par P. de Musset. *Paris, Lemerre*, 1877, pet. in-12, br.

Papier de Chine avec double épreuve du portrait.

436. Lord Byron jugé par les témoins de sa vie (par la comtesse Guiccioli, plus tard marquise de Boissy). *Paris, Amyot*, 1868, 2 vol. in-8, br.

## II. BIBLIOGRAPHIE.

437. La Revue sans titre, par Ch. Monselet. *Paris, Bachelin*, 1877, pet. in-12, br.

438. Les Caprices d'un bibliophile, par O. Uzanne. *Paris, Rouveyre*, 1878, pet. in-8, br. *Frontisp. par Lalauze.*

439. Le Luxe des livres, par L. Deronne. *Paris, Rouveyre*, 1879, in-12, br.

440. Les Éditions originales des oraisons funèbres de Bossuet. *Paris, Bonnassies*, 1877, in-8, br. *Portrait d'après Ficquet.*

441. Catalogue illustré des livres précieux manuscrits et imprimés de la bibliothèque d'Ambr. Firmin-Didot, *Paris*, 1878, gr. in-8, br. Pap. de Hollande.

442. Le Bibliophile français. Gazette illustrée des amateurs de livres. *Paris*, *Bachelin*, 1868-73, 7 vol. gr. in-8, br. *Planches.*

443. Manuel du libraire et de l'amateur de livres, par J.-Ch. Brunet. *Paris*, *Didot*, 1860, 6 vol. en 12 parties. — Supplément. 1878, 1 vol. en 2 parties. Ens. 14 vol.

Exemplaire en grand papier.

---

# SUITES DE VIGNETTES

## POUR ILLUSTRATIONS

444. **Arioste.** Vingt-neuf gravures in-4°, d'après Cochin, pour Roland.

— Vignettes d'après Monnet, Cochin, Moreau et Le Barbier, Marillier, pour Roland et la Jérusalem délivrée du Tasse, 23 pièces.

445. **Balzac.** Suite de 77 gravures d'après Gavarni, Janet-Lange et autres artistes, pour illustrer : La Peau de Chagrin, par Balzac. Epreuves tirées hors texte, grandes marges.

446. **Beaumarchais.** Suite complète de cinq gravures grand in-8°, d'après St-Quentin, gravées par Malapeau, pour la Folle journée. Très belles épreuves avec marges.

447. — Suite de cinq eaux-fortes, dessinées et gravées par G. Cain, pour illustrer le Barbier de Séville. Paris, L. Conquet, 1877. Epreuves sur papier vergé.

448. **Béranger.** Suite de 105 vignettes in-8°, d'après Charlet, Devéria, Fragonard, etc. publiées par Perrotin en 1829, plus un fac-simile d'une lettre de Béranger.

449. **Bernardin de St-Pierre.** Suite complète de 11 gravures in-8°, par Wedgwood et Corbould, pour les œuvres épreuves sur chine.

450. — Vignettes d'après Corbould et Desenne, gravures sur bois d'après Bertall, pour les œuvres et Paulet Virginie, 32 pièces. Deux suites sont avant la lettre.

451. — Suite de sept eaux-fortes d'après Ed. Hedouin, publiées par Lemerre, pour illustrer Paul et Virginie. Epreuves avant la lettre, sur papier du Japon.

452. — Suite de huit eaux-fortes, dessinées et gravées par Ad. Lalauze, pour illustrer Paul et Virginie. Paris, L. Conquet, 1878. Epreuves avant toutes lettres.

453. — Suite de six médaillons, imprimés sur trois feuilles, d'après Dutailly, gravés en couleur par Guyot, pour Paul et Virginie. Epreuves avec marges.

— Quatre pièces doubles de la suite précédente. Epreuves avec marges.

454. **Bitaubé.** Suite de 1 portrait et de 18 gravures in-8° d'après Monnet, pour le Poème de Joseph. Trois pièces sont doubles à l'eau-forte et terminées. En tout 12 pièces.

— Cinq pièces doubles de la suite précédente. Epreuves avant la lettre.

455. **Boccace.** Treize frontispices de livres dont 10 à l'eau-forte et 3 terminés avant la lettre, et six sujets pour les Contes de Boccace, à l'état d'eau-forte. En tout 19 pièces, d'après Gravelot. Belles épreuves avec grandes marges.

456. — Suite de vingt et une gravures in-4°, sur bois, pour les Contes de Boccace. Epreuves sur chine volant.

457. **Boufflers.** Suite de 1 portrait et de 16 gravures in-12, d'après Marillier, Monnet, etc., pour les Contes de Boufflers. A cette suite est ajouté un dessin original de Monnet.

458. **Cazotte.** Suite complète de douze gravures in-18, d'après Lefèvre, pour Olivier. Epreuves avant la lettre, avec marges, de format in-8.

459. **Cervantès.** Suite de 31 gravures in-8°, d'après Coypel, pour les Aventures de Don Quichotte. Epreuves avec marges.

460. — Suite de 11 gravures in-18, dont 1 portrait, d'après Charlet, pour Don Quichotte. Epreuves avant la lettre et avant la tomaison dans le haut de la planche. Le portrait est sur chine.

461. **Conteurs (Les Petits).** Suite de cent quarante vignettes d'après Duplessis.—Bertaux, pour les Conteurs (Voltaire, Lafontaine, Vergier, Grécourt, etc), publiées par Le Clerc. Epreuves tirées hors texte, marges in-4.

462. **Corneille.** (P. et T.). Suite de vingt-cinq gravures in-8, d'après Moreau, pour les œuvres, publiées par Renouard. Epreuves sur chine.

— La même collection. Epreuves d'un tirage moderne, sur chine, sans lettres ni bordures.

463. **Delille. (J.).** Suite de seize gravures in-8, d'après Moreau, Desenne, etc. pour les œuvres publiées par Michaud en 1824. Epreuves avant la lettre, sur chine, plus les seize fleurons de titre, sur chine volant; manque deux pièces dans les vignettes pour que la suite soit complète.

464. **Demoustier.** Suite de dix-huit gravures in-18, d'après Desenne, pour les lettres à Emilie. Epreuves avant la lettre; à l'exception de deux, onze pièces sont doubles, à l'état d'eau-forte.

**Demoustier**. Trente et une pièces doubles de la suite précédente, sept pièces sont avant la lettre ou à l'eau-forte.

465. — Cinquante-quatre gravures in-18, d'après Choquet, pour les Lettres à Emilie sur la Mythologie. Epreuves avant la lettre.

466. — Suite de 1 portrait et de 36 gravures in-18, d'après Monnet, pour les Lettres à Emilie, publiées par Renouard en 1803.

— Réunion de sujets pouvant rentrer dans le même ouvrage, 45 pièces.

467. **Deshoulières** (M^me^) Suite de quatre gravures in-8, d'après Catel, pour les Idyles. Deux pièces sont doubles, imprimées en couleur. Epreuves avant la lettre.

468. **Divers**. Vignettes d'après Eisen, Cochin, Romain de Hooghe, Alix et Binet, pour les Poésies de Lefranc de Pompignan, Les Cent nouvelles, Zélis au bain, Les Augustins, La Paysanne pervertie, etc., 137 pièces.

469. — Vingt et une gravures in-8, d'après Borel, pour l'Histoire ancienne. Deux sont avant la lettre et en plus 2 vignettes d'après Marillier pour l'Ilyade.

470. **Dorat**. Fleurons et têtes de pages pour les fables de Dorat, d'après Marillier. Epreuves tirées hors texte, 66 pièces.

471. **Fénelon**. Suite de vingt-quatre gravures in-8, d'après Marillier, et un portrait gravé par Hubert d'après Vivien, pour Télémaque. Très belles épreuves avant la lettre, toutes marges.

472. — Suite de 26 gravures in-8, d'après Moreau, dont un portrais gravé par Delvaux, pour les Aventures de Télémaque, publiées par Renouard. Belles et anciennes épreuves, avec marges.

473. — Suite de 24 gravures in-18, d'après Lefèvre, pour Télémaque, plus un portrait qui n'est pas celui de l'édition.

474. — Suite de 1 portrait et 24 gravures in-8, gravées par Manceaux, pour les Aventures de Télémaque.

475. **Florian**. Suite de 48 gravures in-18, d'après Desenne, pour les œuvres. Epreuves avant la lettre, sur chine, à l'exception de cinq qui sont sur blanc.

476. **De Foë**. Suite complète de 8 gravures in-8, d'après Jules Fesquet, pour Robinson Crusoë. Epreuves avant la lettre, sur papier du Jupon.

477. **De Foë.** Suite de huit gravures in-4, d'après Gavarni, pour Robinson Crusoë. Epreuves avant la lettre, sur chine, tirées sur format in-fol. ; une est déchirée.

478. **Galland.** Suite de 24 gravures in-8, d'après Chasselat, pour les mille et une nuits. Epreuves avec la lettre. — Suite de six gravures in-18, d'après Westall, pour le même ouvrage. Epreuves avant la lettre, en tout 27 pièces.

479. **Gessner.** Suite complète de 52 gravures in-8, d'après Moreau, dont trois portaits, pour les Idylles de Gessner. Epreuves avec l'encadrement, tirées de format in-4.

480. — Trente-trois gravures in-4, d'après Lebarbier, pour les œuvres de Gessner; 16 pièces sont tirées de format in-fol., plusieurs sont avant les numéros au haut de la gravure. Epreuves avec grandes marges.

— Dix pièces doubles de la suite précédente. Epreuves avec grandes marges.

481. **Gessner, Berquin et Le Sage.** 15 gravures in-8, dont un portrait d'après Monnet, pour les œuvres de Gessner. — 9 gravures in-18 d'après Borel et Le Barbier, pour les Idylles de Berquin.—7 vignettes in-18, d'après Chaillou, pour Gil Blas, etc, 36 pièces.

482. **Graffigny** (Mme de). Vignettes d'après Corbould, Devéria et Desenne, pour les Lettres d'une Péruvienne. Quinze pièces. Plusieurs suites sont doubles avant la lettre et à l'eau-forte.

483. **Lafayette, de Tencin, de Genlis, de Souza, Riccoboni** (Mmes de). Vignettes d'après Desenne pour les Lettres de Milady Catesby, Adèle de Sénange, Mlle de Clermont, le Siège de Calais, et Zaïde. Suites en doubles et triples états, à l'eau-forte, avant et avec la lettre. Beaucoup sont sur chine, 40 pièces.

484. **La Fayette, Cottin** (Mmes), **Sauvigny, Hamilton, Tressan, Fiévée.** Vignettes d'après Desenne, pour La Princesse de Clèves, Elisabeth ou les exilés de Sibérie, Les Amours de Blanche et de Pierre Lelong, Les Mémoires de Grammont, Jehan de Saintré, et la Dot de Suzette. Suites en doubles et triples états, à l'eau-forte, avant et avec la lettre. Beaucoup sont sur chine, 44 pièces.

485. **La Fontaine** (J. de). Suite de 26 gravures in-8, d'après Moreau, y compris le Passage du Torrent, d'après Leguay, gravé

par Heina, pour l'édition de 1814, plus un portrait gravé par Rihault en épreuve avec la tablette blanche. Très belles épreuves avant la lettre, belles marges.

486. **La Fontaine** (J. de). La même suite complète, avec le Passage du Torrent. Epreuves avec la lettre, une pièce est double avant la lettre, 28 pièces.

487. — Neuf pièces de la même suite, pour les Contes. Epreuves avec la lettre. — 12 pièces pour les Fables reimpressions de la seconde suite, en tout 23 pièces.

488. — La même suite gravée une seconde fois et publiée en 1822. Très belles épreuves avant la lettre, plusieurs sont sur chine.

489. — Quinze pièces doubles des deux suites précédentes. Epreuves avant et avec la lettre, sur chine.

490. — Suite de neuf gravures in-18, d'après Moreau, dont un portrait, pour Psyché et Adonis. Epreuves avec marges, plus quatre pièces doubles de la même suite. En tout treize pièces.

— La même suite. Epreuves avec marges.

491. — Suite de douze gravures in-8, en travers d'après Percier, pour l'édition in-fol. des Fables, publiée chez Didot. Epreuves avant la lettre, sur chine volant.

492. — Suite de quarante gravures in-18, dont 1 portrait, d'après Eisen, réduction des fermiers généraux, plus 7 pièces d'après Cochin, en épreuves modernes. En tout 47 pièces.

493. — Suite de quarante-six fleurons, tirés hors texte, pour l'édition des Contes, publiée à Amsterdam en 1764. Epreuves à grandes marges. Ces fleurons sont différents de ceux des fermiers généraux.

494. — Vignettes in-18, d'après Desrais et Duplessis, Bertaux, pour les Contes de Lafontaine. Epreuves avant toutes lettres avec marges, 20 pièces.

495. — Suite de 13 gravures in-8, d'après les Dessins de Devéria, dont un portrait, pour les œuvres, plus huit pièces doubles à l'état d'eaux-fortes, en tout 21 pièces.

496. — 86 vignettes in-18, d'après Desenne et autres artistes, pour les Contes de Lafontaine. Edition Nepveu. Epreuves avant la lettre, plusieurs pièces sont doubles et quelques-unes sont avec la lettre.

497. **La Fontaine** (J. de). Suite de 60 vignettes in-18, d'après Desenne, Chasselat et autres artistes, pour les Fables de Lafontaine. Edition Nepveu. Epreuves à l'état d'eaux-fortes, et imprimées en bistre.

— La même suite. Epreuves terminées, avant la lettre.

499. Suite de 21 gravures in-18, d'après Desenne, pour la Bibliothèque française. Epreuves avant la lettre. Les quatre pièces pour le théâtre et Psyché, sont doubles à l'état d'eaux-fortes, en tout 25 pièces.

499. — Suite des vignettes gravées sur bois, pour les Contes et les Fables, publiés par Armand Aubrée, 62 pièces.

500 — Suite de 26 vignettes sur bois, d'après Devéria, pour les œuvres. Manque un portrait pour que la suite soit complète.

— 20 vignettes de la même suite, dont un portrait. Epreuves tirées hors texte, sur papier rose.

— 18 vignettes de la même suite. Epreuves tirées hors texte, sur papier blanc.

501. — Suite de 49 vignettes sur bois pour une édition des fables. Épreuves tirées hors texte.

502. — Suite de 72 eaux-fortes, d'après Oudry, gravées par MM. Courtry, Greux, Lemaire, Lerat, Martinez, Mongin, Manziès, A. Rousselle, pour illustrer les fables de La Fontaine. Paris, Lemerre, 1875.

503. — Suite de 51 vignettes, dont un portrait, d'après Foulquier, pour les fables. Épreuves d'artiste sur chine volant.

504. — Suite de onze eaux-fortes, d'après Flameng, Millet, Detaille, etc., publiées par Jouaust dans une édition des fables. Épreuves avant la lettre.

505. — Onze lithographies in-4, par Hersent, pour les contes et Psyché.

506. — Suite de 29 lithographies et un titre in-4, par A. Devéria, pour les contes. Belles épreuves.

507. — Suite de quinze gravures in-8°, d'après Perdoux, pour les fables, avec un frontispice de l'édition anglaise et un portrait de Lafontaine. 17 pièces.

508. — Pièces diverses d'après Eisen, Hersent et autres artistes, pour les œuvres de Lafontaine. 45 pièces.

509. — *Suite de vingt-huit dessins à l'encre rouge et au bistre, d'après Eisen. Edition des fermiers généraux.*

510. **Lafontaine et Molière.** Vignettes, d'après Desenne, Boucher et autres artistes, pour les œuvres de Lafontaine et de Molière. Vignettes d'après Borel, pour Tom Jones, et pièces publiées dans les romans de Laplace. 119 pièces. Beaucoup sont avant la lettre.

511. — Vignettes d'après Cochin et Devéria. 90 pièces.

512. **Legouvé.** Suite de six gravures in-8, d'après Desenne, pour le Mérite des femmes. Epreuves avant la lettre, sur chine. Une pièce est double à l'état d'eau-forte.

513. **Legrand-d'Aussy.** Douze gravures in-8, d'après Moreau, pour ses fabliaux et contes. Une pièce est double, avant la lettre. En tout 13 pièces.

514. **Lesage.** Cinq vignettes in-8 avant la lettre, d'après Bornet, pour Gil Blas. Epreuves avec grandes marges.

515. — Suite de seize gravures à l'eau-forte, par Monziès, d'après H. Pille, pour illustrer Gil Blas. Epreuves avant la lettre, sur grand papier Wathman.

516. — Suite de neuf vignettes gravées à l'eau-forte par Mauziès, d'après Pille, pour le Diable boiteux. Epreuves avant la lettre, sur chine volant. Edition Lemerre.

517. **Lesage, Marmontel, Pope, Grécourt, Fielding, Johnson et Mme de Graffigny.** Vignettes, d'après Stothard, Westall, Cooke, Johannot, Bergeret, Uwins et Desenne, pour le Diable boiteux, Bélisaire, Tom-Jones, Histoire de Rasselas et les Lettres d'une Péruvienne. 27 pièces. Plusieurs sont avant la lettre et à l'eau-forte.

518. **Longus.** Suite de six eaux-fortes d'après Prud'hon, et un portrait, gravés par Boilvin, pour illustrer Daphnis et Chloé. Paris, Lemerre, 1872. Epreuves avant la lettre.

519. **Louvet.** Suite de dix-neuf gravures in-8, dont un portrait, d'après Marckl, pour les Amours du chevalier de Faublas, publiées par Lavigne.

520. — Suite de six titres gravés sur acier et de quarante-sept gravures sur bois pour les Amours du chevalier de Faublas. Les quarante-sept gravures sont en double état sur papier vélin et sur chine volant.

521. **Lucain.** Suite complète de dix gravures in-8, d'après Perin, pour la Pharsale. Epreuves avant la lettre.

522. **Lucrèce**. Suite de sept gravures in-8, d'après Marillier. Epreuves avant la lettre, avec marges.

523. **Xavier de Maistre.** Suite de huit gravures à l'eau-forte, par F. Dupont, pour illustrer le Voyage autour de ma chambre, publiées par Lemerre. Epreuves avant la lettre sur papier du Japon.

524. **Mercier.** Suite de dix gravures in-8, imitées de Marillier, par un artiste hollandais, pour le théâtre de Mercier. Belles épreuves.

525. **Molière.** Suite de trente et une gravures in-8, d'après Moreau, dont un portrait, publiées par Renouard. Epreuves avec marges.

526. — Suite de trente-quatre gravures in-8, d'après Moreau, dont un portrait, d'après la première suite, édition de Bret, publiées par Leclerc. Epreuves avant la lettre, de format in-fol.
— La même suite complète. Epreuves avant la lettre, imprimées en bistre.

527. — Suite de seize gravures in-8, d'après H. Vernet, pour les œuvres de Molière, publiées par Furne.

528. — Suite de trente-quatre gravures in-18, d'après Boucher, gravées par Fessard, plus les quatre fleurons de l'édition, en tout 38 pièces.

529. — Suite de dix-neuf gravures in-8, dont un portrait, d'après Devéria, pour les œuvres. Epreuves sur chine de format in-4.

530. — Suite de vingt et une gravures in-18, d'après Desenne, publiées par la Bibliothèque française. Epreuves avant la lettre, sauf le portrait qui est avec.

531. — Suite de douze gravures in-8, d'après Chasselat, pour les œuvres.
— Cinq vignettes in-8, d'après Horace Vernet. Epreuves avant la lettre, sur blanc et sur chine.

532. — Suite de trente-cinq gravures in-8, d'après Boucher, publiées par Lemerre. Epreuves sur papier de format in-4.

533. — Suite de cent soixante-six vignettes gravées par Hillemacher pour les œuvres de Molière, éditées par Scheuring. Epreuves avant la lettre sur chine volant.

534. — Suite complète de cinquante vignettes, dont un portrait, d'après Foulquier, pour l'édition des œuvres de Molière publiée par Mame. Rares épreuves avant la lettre, sur chine volant.

535. **Molière**. Suite complète de trente-quatre gravures in-8 gravées à l'eau-forte par Lalauze pour les œuvres de Molière. Epreuves avant la lettre.

536. — Suite complète de dix-huit gravures in-8; d'après Staal, publiées chez Garnier. Rares épreuves avant toutes lettres, sur chine.

537. — Suite de vingt et une figures des personnages des comédies de Molière, publiées par Laplace Sanchez. Suite double en noir et en couleur.

538. — Vignettes pouvant entrer comme illustration dans les œuvres de Molière, d'après Hillemacher, Moreau, Riffaut, Bergeret, Desenne, Destouches, Adam, Mouilleron, etc. 38 pièces. Plusieurs sont avant la lettre et à l'eau-forte.

539. **Montesquieu.** Suite de douze gravures in-18 d'après Regnault, par D. Bertaux, pour le temple de Gnide. Belles épreuves avec marges.

540. **Musset** (Alfred de). Suite de quarante-deux gravures à l'eau-forte par Monziès, d'après H. Pille, pour les œuvres d'Alfred de Musset, publiées par Lemerre. Epreuves avant la lettre sur grand papier Wathman.

541. — Suite de seize eaux-fortes gravées par Lalauze, d'après Bida, pour les œuvres, publiées par Charpentier. Epreuves avant la lettre, sur chine volant.

542. **Ovide.** Cent-deux gravures, d'après Eisen, Boucher, Monnet, pour les Métamorphoses d'Ovide, traduction de l'abbé Banier. Belles épreuves.

— Deux pièces pour le même ouvrage. Epreuves avant la lettre.

543. — Suite de soixante et onze gravures in-8, d'après Moreau, Lebarbier, pour les Métamorphoses. Edition de Villenave. Belles épreuves.

— Dix-sept pièces de la même édition. Epreuves avec l'encadrement. Deux sont avant la lettre.

544. — Suite de quatre-vingt-dix-huit vignettes, par Chauveau, pour les Métamorphoses d'Ovide.

545. **Perrault.** Suite de dix-sept gravures, dont douze en-têtes de pages et un portrait, pour les contes de Perrault. Edition Leclerc. Les quatre vignettes sont doubles avant la lettre, sur chine collé. Trois y sont ajoutées à l'eau-forte sur chine volant et 2 pièces sont imprimées sur soie et calicot. En tout 26 pièces avant la lettre.

546. **Petitot.** Suite de cinquante portraits de personnages célèbres de l'époque Louis XIV, gravés par Ceroni d'après les émaux de Petitot. Belles épreuves.

— Le Siècle de Louis XV. Suite de six portraits gravés par Ceroni pour faire suite aux émaux de Petitot.

547. **Prevost** (l'abbé). Suite de neuf gravures in-8 à l'eau-forte, par L. Monziès, pour Manon Lescaut. Epreuves avant la lettre, sur papier du Japon. Edition Lemerre.

548. — Suite de douze gravures in-8, gravées à l'eau-forte, par Chauvet, pour Manon Lescaut, publiées chez Rouquette.

549. **Prevost.** Suite de huit gravures in-18, d'après Lefèvre, pour Manon Lescaut, édition de Leclerc. Epreuves avant la lettre, grandes marges.

550. — Suite de dix-huit vignettes gravées sur bois, d'après Tony-Johannot. — Quatre gravures in-8, d'après Desenne, publiées par la Bibliothèque française. Epreuves avant la lettre. Deux suites pour Manon Lescaut.

551. **Rabelais.** Suite de douze gravures in-8, d'après Devéria, dont deux portraits pour les œuvres. Épreuves avant la lettre, de format in-4.

552. — Suite de dix-sept gravures sur acier, pour illustrer les œuvres de Rabelais. Paris, Léon Willem. Épreuves sur papier Wathman.

553. — Suite complète de seize gravures in-8, d'après Bracquemond, pour les œuvres de Rabelais, publiées par Lemerre. Épreuves avant la lettre, en bistre, sur papier Wathman.

554. — Suite d'eaux-fortes, d'après Bracquemond, pour illustrer les œuvres de Rabelais. Paris, Lemerre, 1872. Quinze pièces avant la lettre.

555. — Suite de dix-sept gravures in-8, d'après Bernard Picart, publiées par Wilhelm. Épreuves avant la lettre, tirées en bistre.

556. **Racine.** Suite de quatorze gravures in-8, d'après Gravelot, composées de douze sujets et deux portraits de Racine et Corneille. Épreuves avant la lettre. — La gravure de Phèdre est en double état, le premier état, gravé par Simonet, qui n'existe qu'avec la lettre, et où l'épée est au côté droit, et le second état de l'édition, avant la lettre où l'épée est à gauche. Celle d'Athalie, s'y trouve aussi par deux graveurs différents, D. Née et L. Lingée. En tout seize pièces.

557. **Racine.** Suite de 15 gravures in-8, d'après Garnier, dont trois portraits gravés par Saint-Aubin, pour l'édition de Le Normant, 1808. Belles épreuves avant la lettre, plus les sept fleurons de titres, remontés de format in-8.

558. — La même suite. Épreuves avec la lettre, manque un portrait, et une pièce est avant la lettre.

559. — Suite de treize gravures in-8, dont un portrait, d'après Moreau, pour les œuvres. Première suite publiée en 1811.

560. — Suite de treize gravures in-8, d'après Moreau, dont un portrait, publiées par Renouard. Belles épreuves à toutes marges.

561. — Suite de un portrait et de douze gravures in-18, d'après de Sève. Épreuves remargées.

562. — Suite de douze vignettes et un portrait in-18, d'après Desenne, gravées par Girardet, pour la Bibliothèque française.

563. — Douze gravures in-8, et un frontispice, d'après Prud'hon, Girardet. — Suite de douze gravures in-8, et un portrait, d'après Desenne, Devéria et Girardet. Deux suites. En tout vingt-six pièces.

564. — Suite de vingt-trois pièces, représentant les personnages des Tragédies de Racine, gravées en couleur, d'après Chéry, par Alix et Ridé. Belles épreuves.

565. **Regnard.** Suite de quatorze gravures in-8, d'après Desenne, pour les œuvres. Épreuves sur Chine. Une est avant la lettre. Est ajoutée à la suite, une pièce d'après Vernet, avant la lettre. En tout quinze pièces.

566. **Roucher.** Suite de cinq gravures in-4, d'après Moreau et Cochin, pour les Mois, de Roucher. Bonnes épreuves.

567. **Rousseau** (J.-J.). Suite de cinquante-six gravures in-8, d'après Moreau et Dupréel, pour les œuvres. Épreuves avant le second cadre. Huit pièces manquent pour que la suite soit complète.

568. — Suite de dix gravures in-8, d'après Cochin, pour les œuvres. Suite qui n'a pas été terminée. Belles épreuves à grandes marges.

569. — Suite de treize gravures in-8, d'après Gravelot, pour la Nouvelle Héloïse. Première édition de Genève. Épreuves à toutes marges.

570. **Rousseau** (J.-J.). Suite de six gravures in-4, d'après Cochin, pour Émile. Plus le portrait, la vue du tombeau, et une pièce pour la politique. En tout neuf pièces. Belles épreuves.

571. **Rousseau**. Suite de onze gravures in-18, d'après Moreau, pour la Nouvelle Héloïse. — Cinq pièces in-8, avant la lettre, d'après Moreau. — Cinq pièces in-18, gravées d'après Moreau, sous la direction de Ambroise Tardieu. Vingt-deux pièces.

572. — Suite de dix gravures in-18, d'après Moreau, gravées par Lorieux, pour Émile. Épreuves avec marges.

573. — Suite de vingt-sept gravures in-18, d'après Marillier, pour l'édition Cazin. Cinq pièces sont doubles.

574. **Rousseau** (J.-J.). Suite de quarante-deux gravures in-8, d'après Devéria, pour l'édition Dalibon. Superbes épreuves avant la lettre sur Chine. Une pièce est avec la lettre. On a ajouté le tombeau de Rousseau, avant la lettre, sur Chine.

575. — La même suite composée ainsi : vingt-huit avant la lettre, sur Chine; six avec la lettre, sur Chine, et deux avec la lettre, sur blanc.

576. **Sainte Bible**. Suite de cent douze gravures in-8, d'après Moreau, pour le Nouveau Testament. Douze pièces sont sans marges.

577. **Saint-Lambert**. Suite de sept gravures in-8, d'après Moreau, pour les Saisons. Belles épreuves avec marges.

578. **Saint-Lambert et Thompson**. Suite de douze gravures in-4, d'après Hamilton, pour les Mois. Belles épreuves. Très rare à trouver complet.

579. — Vignettes, d'après Singleton, Prud'hon. etc., pour illustrer les Saisons. Quarante-huit pièces. Quelques suites sont doubles, avant et avec la lettre, et trois suites sont en couleur.

580. **Swift**. Suite de dix gravures in-18, d'après Lefèvre, pour les voyages de Gulliver. Édition Didot, 1797. Belles épreuves.

581. **Le Tasse**. Suite de quarante-une gravures in-4, d'après Cochin, pour la Jérusalem délivrée. Belles épreuves avec grandes marges.

— Six pièces doubles de la suite pécédente. Belles épreuves.

582. — Suite de dix gravures in-8, d'après Desenne et Colin, pour la Jérusalem délivrée. Épreuves avant la lettre. Plus une gravure d'après Desenne, pour Aminta, avant la lettre.

583. **Tressan**. Suite de quatre gravures in-18, d'après Moreau, pour Gérard de Nevers. Bonnes épreuves avec marge.

584. — Suite de quatre gravures in-18, d'après Moreau, pour Gérard de Nevers. Grandes marges.

585. — Suite complète de treize gravures, dont un portrait, pour Roland furieux, d'après Colin. Édition Nepveu, 1823. Épreuves avant la lettre. Grandes marges.

586. **Valois** (Marguerite de). Vingt-neuf gravures in-8, d'après Freudeberg, pour l'Heptameron français. Épreuves sans marges. Plusieurs pièces sont doubles.

587. **Virgile**. Trois gravures in-8, d'après Moreau, pour les Géorgiques. Épreuves avec marges. — Une gravure, d'après Moreau, représentant l'âge d'argent, gravée à l'eau-forte, par Malbeste, en 1804. Épreuve double à l'état d'eau-forte, et avec la lettre. En tout cinq pièces.

588. **Voltaire**. Suite de cent douze vignettes, dont dix-huit portraits, d'après Moreau, pour illustrer les œuvres de Voltaire. Édition de Kell. Épreuves sur Chine volant, sauf le chant 7 de la Henriade, qui est sur papier ordinaire.

589. — Suite de cent soixante vignettes et portraits, d'après Moreau et Saint-Aubin, pour les œuvres publiées par Renouard.
— La même suite. Épreuves avec marges.
— Dix-sept vignettes in-8, d'après Moreau, pour l'édition de Kell. Une est avant la lettre.

590. — Suite de quarante-quatre gravures in-8, d'après Moreau, pour le Théâtre de Voltaire. Édition de Kell. Épreuves avec marges.

591. — Suite de trente-sept gravures in-18, d'après Eisen et Gravelot, pour le Théâtre. Épreuves avec marges.
— Vingt-cinq pièces de la suite précédente. Épreuves avec marges.

592. — Vingt-deux gravures in-4, d'après Gravelot, pour les œuvres de Voltaire. Belles épreuves. — Quatre gravures in-4, d'après Moreau, pour la Henriade. Belles épreuves à toutes marges. En tout vingt-six pièces.

593. — Six gravures in-8, d'après Monnet et Marillier, pour la Pucelle. Épreuves avec l'encadrement, une pièce est sans marge.

594. — Suite de cinquante-deux gravures in-8, d'après Monnet,

pour les Romans de Voltaire. Édition Bouillon. Épreuves inégales de format.

595. — Vignettes pour les œuvres de Voltaire, d'après Monnet, Marillier et Eisen. Quarante-quatre pièces.

596. — Suite de dix gravures in-18, d'après Xavier Leprince, pour la Henriade. Épreuves avant la lettre, à l'état d'eaux-fortes.

— La même suite. Épreuves avant la lettre, sur Chine.

— La même suite. Epreuves avant la lettre, sur blanc.

— La même suite. Épreuves avec la lettre.

597. — Suite complète de quatre-vingts gravures in-8, d'après Desenne, pour les œuvres de Voltaire. Édition Beuchot. Épreuves avant la lettre, sur blanc.

— Dix-neuf pièces de la suite précédente, pour le Théâtre. Épreuves avant la lettre, sur Chine. Sauf cinq, qui sont avec la lettre.

598. — Vignettes, d'après Desenne et Chasselat, pour les œuvres de Voltaire. Seize pièces. Très rares épreuves à l'état d'eaux-fortes.

599. — Suite de cent gravures in-8, d'après Chasselat, pour les œuvres. Épreuves sur Chine.

600. — Suite de vingt-quatre vignettes, d'après Duplessis-Bertaux, dont deux portraits pour la Pucelle. Édition Leclerc. Épreuves avant la lettre, sur Chine volant.

601. — Suite complète de vingt-deux gravures à l'eau-forte, d'après Monnet et Moreau, gravées par Mauziès, pour les Romans et Contes de Voltaire, publiés par Lemerre. Épreuves avant la lettre, sur papier Wathman, in-4.

## GRAVURES DIVERSES.

602. **Anonyme.** La Partie d'œuf frais. Pièce ovale coloriée du temps.

603. — Louis XVI. Buste posé au-dessus de deux branches d'olivier. In-8. Belle épreuve.

604. — Louis, dauphin de France, et Madame royale en prières. 2 pièces en couleur, faisant pendant. Belles épreuves.

605. — Marat et Le Pelletier Saint-Fargeau. Deux portraits faisant pendant. Belles épreuves.

606. **Alix** (P.-M.). Molière (J.-B. Poquelin de), en buste posé sur un socle où est représentée une scène de Tartufe, d'après Garneray. In-fol. en couleur. Très belle épreuve.

607. **Bartolozzy.** Louis XVI, en buste dans un médaillon rond, en couleur. In-4. Belle épreuve.

608. **Boily** (C.). Borde (Charles). In-8. Belle épreuve.

609. **Bonnet.** Jeune femme en buste dans un entourage ornementé; gravé en couleur d'après Le Clerc. Belle épreuve avec marge.

610. **Boucher** (D'après F.). La Musique, par P. Aveline. Belle épreuve.

611. **Breton** (A Paris, chez). Louis XVI, roi des Français, à cheval. Dans le fond, une vue d'une partie des Tuileries. Pièce ovale in-4, en largeur, gravée en couleur. Très belle épreuve avec marge.

612. **Divers.** Apparition d'Henri IV à Louis XVI. — Mirabeau. — Mme Dubarry et portrait de femme en buste. 4 pièces par Texier, Fiesinger et Chrétien. Belles épreuves.

613. **Drevet** (P.). Boileau-Despréaux (Nicolas), d'après de Troy. In-4. Belle épreuve.

614. **Eisen** (D'après Ch.). Le Petit donneur d'avis, par P.-F. Tardieu. Belle épreuve.

615. **Ficquet** (Etienne). Portraits de Molière, J.-B. Rousseau, Crébillon et Descartes. Anciennes épreuves.

616. **Gabrielli.** Louis XVII, en buste, d'après Miery. In-4. Belle épreuve avec grandes marges.

617. **Hubert.** Louis XVI, roi de France. In-8. Belle épreuve avec marge.

— Le même portrait. Belle épreuve avec marge.

618. **Le Beau.** Marie-Antoinette, d'après Mauperin, — Louis XVI. Deux portraits in-8. Belles épreuves.

619. — Louis XVI et Marie-Antoinette, — Necker, directeur général des finances. Quatre portraits in-8. Un est double. Belles épreuves.

620. **Mondhare et Jean** (A Paris, chez). Prise de la Bastille, le 14 juillet 1789, par les citoyens et les ci-devant gardes françaises. Grande pièce en largeur, coloriée. Grandes marges.

621. **Monnet** (D'après). Vénus et Adonis, — l'Amour puni, — l'Innocence poursuivie par l'Amour. 3 pièces gravées par Vidal et Avril. Bonnes épreuves.

622. **Moreau** (D'après J.-M.). Hommages rendus à Voltaire, gravé par Gaucher. Belle épreuve.

623. **Saint-Aubin** (Aug. de). Louis XII, Henri IV et Louis XVI, représentés en buste sur une même feuille, d'après Sauvage. In-8. Plus le même sujet gravé en contre-partie par Biosse.

624. — Portraits publiés par Renouard pour illustrer les œuvres de Voltaire et autres auteurs. 37 pièces.

625. **Savart** (P.). Buffon (Georges-Louis Le Clerc, comte de), d'après Drouais. Deux épreuves, dont une avant la lettre, remontée.

626. **Vérité.** Marie-Antoinette, reine de France, d'après Mme Le Brun. In-8. Belle épreuve.

627. **L'eau-forte** en 1876 et 1877. Soixante-quatre eaux-fortes par différents artistes, publiées par Cadart.

## DESSINS.

628. **Baudet-Bauderval.** Portraits et sujets pour les Contes de Lafontaine. Sept dessins à l'encre de chine et au bistre.

629. **Carron** (Louis). Paysage italien, sur le devant une jeune femme à l'entrée d'un souterrain. Aquarelle.

630. **Charlet et Marlet.** Épisode des guerres de la République. Aquarelle.

631. **Chasselat.** Quatre dessins in-18, à la sépia. Trois ont été gravés pour la Mort d'Abel de Gessner.

632. **Cochin.** Les Enfants vendangeurs. Joli dessin en forme de frise. A la plume et encre de Chine.

633. **Dupendant.** Dessin à l'aquarelle représentant Quasimodo, pour Notre-Dame de Paris.

634. **École française.** Mercure et Argus. A l'encre de Chine.

635. **École hollandaise.** Bergers avec leurs troupeaux et Paysage. Deux dessins à l'encre de Chine.

636. **Gavarni.** Étude d'homme appuyé contre un mur. A la plume.

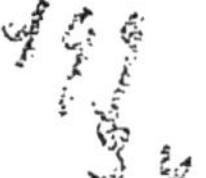

637. **Grandville** (J.-J.). Vingt dessins à la plume et lavis d'aquarelle, renfermés dans un album in-fol. oblong.

638. **Hussy.** Paysages. Six beaux dessins à l'aquarelle.

639. **Johannot** (T.)? Deux dessins au crayon noir pour Don Juan de Molière : le Duel et le Souper.

640. **Johannot** (Tony). Femme debout, vue de dos. — Une femme à genoux devant un jeune seigneur. Composition de trois figures. Deux dessins à l'aquarelle.

641. **Leroy** (S.). Dix dessins in-18 à la sépia pour différents ouvrages. Ont été gravés.

642. **Marillier.** Molière. Portrait en buste, entouré de fleurons où sont représentées les principales scènes de ses œuvres. A la plume.

643. — Destouches. Portrait en buste entouré de fleurons où sont représentées les principales scènes de ses œuvres. A la plume.

644. **Marillier?** Suite de vingt-trois dessins à la plume et lavis de bistre, pour l'Ermite.

645. — Sous ce numéro seront vendus par lots un grand nombre de portraits, vignettes et dessins.

# TABLE DES DIVISIONS

---

## THÉOLOGIE



## SCIENCES ET ARTS



## BELLES-LETTRES



## HISTOIRE



## PARALIPOMÈNES HISTORIQUES



---

Paris. — Typographie Pillet et Dumoulin, rue des Grands-Augustins, 5.

www.ingramcontent.com/pod-product-compliance
Ingram Content Group UK Ltd.
Pitfield, Milton Keynes, MK11 3LW, UK
UKHW020325220726
13923UKWH00003B/1374

9 782014 446531